Heiko Oldörp & Jörn Pissowotzki

Tutto Fußball

Das außergewöhnliche Lexikon

Heiko Oldörp & Jörn Pissowotzki

Tutto Fußball

Das außergewöhnliche Lexikon

AGON
Sportverlag

Impressum

Fotos: AGON Sportverlag
Einband: AGON Sportverlag, Martina Backes

Satz: AGON Sportverlag
Druck: Fuldaer Verlagsanstalt

Frankfurter Straße 92a
D - 34121 Kassel
Telefon 05665-405 84 20 / Fax 05665-405 84 21
eMail info@agon-sportverlag.de

ISBN 978-3-89784-360-8

www.agon-sportverlag.de

Ich widme dieses Buch meinem Opa in Grevesmühlen,
ohne den ich wahrscheinlich nie
zu einem großen Fußballfan geworden wäre.

J. P.

Dies ist ein außergewöhnliches Lexikon. Deshalb gibt es hier auch nicht die gewöhnlichen Statistiken und Aufzählungen zu lesen, die jeder Fußballer und Fußballfan sowieso drauf hat. Sondern kleine Fußballgeschichten, ideal als Grundlage für den Plausch unter Fans am Spielfeldrand oder beim Bier, als Beipackzettel beim Sport gucken im Fernsehen oder ganz einfach als Bettlektüre.

Man möge uns verzeihen, wenn bei den sehr prominenten, aber auch weniger bekannten Stars in diesem Buch nicht jeder Titel oder Vereinswechsel aufgezeichnet ist. Denn wir wollen ja die anderen Geschichten erzählen. Natürlich hat beispielsweise ein Lothar Matthäus als Rekordnationalspieler Bedeutendes für den deutschen Fußball geleistet und uns in vielen Spielen aus der Lethargie gerissen, aber zu ihnen sind schon ganze Buchreihen veröffentlicht worden. Uns hat viel mehr das Drama bei Matthäus` EM-Nominierung 1980 interessiert und was sein Friseur in Herzogenaurach mit seiner Italienkarriere zu schaffen hatte. Übrigens kommt auch der Friseur von Günter Netzer im Buch vor. Dass es hier um zum Teil haarige Angelegenheiten geht, beweisen die Einträge zum Hund Pickles und zu den Geißböcken Hennes I. bis VIII.

Wir möchten an dieser Stelle ausdrücklich Melanie Last danken, die das Manuskript akribisch durchgearbeitet hat. Ihre Hinweise sind in den Text mit eingeflossen.

Wir haben die Geschichten nach bestem Wissen recherchiert und geprüft. Es ist aber nicht ausgeschlossen, dass sich der eine oder andere Fehler eingeschlichen hat.

Stand der Angaben ist der 1. Mai 2009.

Heiko Oldörp Jörn Pissowotzki

Adams, Tony (10.10.1966-): „Ich habe mich selbst in den Alkoholismus getrunken." Mit diesem Geständnis schockte Tony Adams Fußball-England. Der langjährige Kapitän von Arsenal London und der englischen Nationalmannschaft outete sich am 14. September 1996 als Alkoholiker.[1] Mitunter trank er zehn halbe Liter Bier pro Tag, avancierte zur Touristen-Attraktion, indem er Biergläser auf seinem Schädel zertrümmerte und hatte Rechnungen in Nachtclubs von bis zu 8700 Euro.[2] In seiner 1998 erschienenden Biographie „Addicted" (Süchtig) schrieb Adams ausführlich über seine Krankheit. Das öffentliche Geständnis und eine 20-monatige Entziehungskur waren sein Ausweg aus der Sackgasse und die Beweggründe für den Aufbau eines weltweit beachteten Projektes. Im Jahr 2000 gründete Adams in Liphook, in der englischen Grafschaft Hampshire, die Sporting Chance Clinic, in der Profisportler gegen ihre Alkohol-Drogen- und Spielsucht behandelt werden.[3] Patienten waren unter anderem sein ehemaliger Nationalmannschaftskollege →Paul Gascoigne und Adrian Mutu, der 2004 bei Chelsea London wegen Drogenkonsums entlassen wurde. „Ich habe in meinem Leben viel erreicht, am meisten macht mich stolz, dass es mir gelungen ist, anderen Menschen zu helfen", betont Adams.[4] Aufgrund seiner Erlebnisse hat er längst eine andere Lebenseinstellung. Als er im Herbst 2008 Trainer beim FC Portsmouth wurde, begrüßte ihn sein

ehemaliger Arsenal-Coach Arsene Wenger mit den Worten: „Willkommen in der Hölle." Adams antwortete gelassen: „Da war ich schon."[5]

Adler, Renè (15.01.1985-) ist eine Entdeckung des Leverkusener Torwartidols Rüdiger Vollborn. Als Adler 15 Jahre alt war, spielte er noch in seiner Heimatstadt beim VfB Leipzig. Vollborn und Adler lernten sich beim DFB-Nachwuchsteam kennen, bei dem Vollborn als Assistent arbeitete. René Adler wechselte im Jahr 2000 zu Bayer 04 und zog für ein paar Jahre ins Dachgeschoss im Haus der Familie Vollborn ein. Bei Bayer trainierte er dann unter seinem „Vermieter", der ihn zum Nationaltorhüter formte und darauf stolz ist: „Renè ist mein Steckenpferd gewesen, da habe ich keinen reinpfuschen lassen."[6] Oben im Dachgeschoss hing dann irgendwann ein Originaltrikot von Adlers Idol, Peter Schmeichel. Als der Däne mit Sporting Lissabon einmal in Leverkusen spielte, ging Rüdiger Vollborn mit seinem Schützling zu Schmeichel, die beiden hatten sogar Zeit für einen kleinen Talk: Renè Adler bekam schließlich Schmeichels Trikot und Handschuhe.[7] Adler sagt, dass er sich von Schmeichel am meisten in seiner Karriere abgeguckt hat. Das hat er übrigens mit →Oliver Kahn gemeinsam.

Nationaltorwart Adler kommt aus einer Fußballerfamilie: Sein Vater ist Trainer, sein Bruder steht ebenfalls im Tor. Adlers Mutter Kerstin war drei Jahre lang Torfrau beim SV Liebertwolkwitz in der Kreisklasse.[8] Dass Adler im Kasten steht, war aber trotzdem Zufall, wie er der „Süddeutschen Zeitung"

erzählte: „Als ich sechs war, hat mich irgendeiner ins Tor gestellt, weil ich ein bisschen größer war als die anderen. Ich wollte nicht ins Tor, ich wollte Tore schießen. Aber ich habe bald gemerkt, dass ich ganz gut im Tor bin, und dann hat`s natürlich Spaß gemacht. Von da an hab ich das Tor nicht mehr verlassen."[9]

Adu, Fredua „Freddy" Koranteng (02.06.1989-): In den USA war man sich schnell einig: Freddy Adu ist der designierte Michael Jordan des Fußballs.[10] Mit 14 Jahren debütierte der gebürtige Ghanaer und entfernte Neffe von Ex-Bundesliga-Profi Anthony Yeboah in der heimischen Major League Soccer und wurde somit der jüngste amerikanische Profisportler aller Zeiten.[11] Am 22. Januar 2006 wurde der damals 16-jährige Adu erstmals in der US-Nationalmannschaft eingesetzt – allerdings eher aus politischen, als aus sportlichen Gründen. Ghana hatte dem Stürmer einen Stammplatz bei der Weltmeisterschaft in Deutschland in Aussicht gestellt, wenn er sich entscheiden würde, für sein Heimatland zu spielen.[12] Die USA wollten jedoch ihr größtes Talent nicht verlieren und schenkten Adu quasi sein erstes Länderspiel. Bei der WM war er dann trotzdem nur Zuschauer, US-Trainer Bruce Arena nahm ihn nicht mit in sein Aufgebot. Doppelt ärgerlich für Adu, denn in der Vorrunde spielte die USA gegen Ghana. Die Afrikaner gewannen mit 2:1 – vielleicht auch, weil sie we-

gen des geplatzten Adu-Wechsels besonders motiviert waren.

Freddy ist nicht nur stark am Ball, sondern auch in der Schule. Zunächst übersprang er wegen guter Lernleistungen die siebte Klasse und beendete anschließend die Highschool sogar drei Jahre früher – weil er ausschließlich Einsen hatte.[13]

Aufgrund seiner Fähigkeiten gab es immer wieder Zweifel an seinem Alter. Zwar steht in seiner Geburtsurkunde 2. Juni 1989 als Geburtstag, dennoch schickte die US-Zeitschrift „Sports Illustrated" zwei Detektive nach Ghana. Die konnten jedoch keine gegenteiligen Beweise finden.[14]

Ahlenfelder, Wolf-Dieter (11.02.1944-): Der ehemalige Schiedsrichter pfiff am 8. November 1975 angetrunken im Bundesligaspiel zwischen Werder Bremen und Hannover 96 bereits nach einer knappen halben Stunde zur Halbzeit. „Ein Bier und ein Malteser zum Mittagessen, das wird doch wohl noch erlaubt sein", rechtfertigte Ahlenfelder seinen Zustand und fügte an: „Wir sind Männer und trinken keine Fanta."[15] Noch heute hat Ahlenfelder wegen dieser Aktion Kultstatus. „Durch die Sache in Bremen bin ich zur Legende geworden. Ich habe ja nichts böses gemacht. Wie es sich für einen Ruhrgebietler gehört, habe ich mir mal einen genommen. Da habe ich keine Hemmungen, ich war kein Kind von Traurigkeit. Wenn ich sage, dass ich vor Bundesliga-Spielen Wasser und Fanta getrunken habe, wäre das eine Lüge. Ich habe mir ein Pilsken reingetan und der Fall war erledigt."[16]

In einigen Bremer Kneipen ist „Ahlenfelder" heute noch auf der Getränkekarte zu finden. „Wenn man in Bremen einen Ahlenfelder bestellt, bekommt man ein Malteser-Bier-Gedeck. Darauf bin ich stolz."[17]

Altintop, Hamit und Halil (08.12.1982): Die Affinität zum Fußball ist bei den Zwillingen, die für Bayern München und Schalke 04 sowie in der türkischen Nationalmannschaft spielen, namentlich verbrieft. Altintop bedeutet „goldener Ball".[21]

Angloma, Jocelyn (07.08.1965-): Der 37-malige französische Fußball-Nationalspieler, der unter anderem 1993 mit Olympique Marseille die Champions League gewann, feierte im Sommer 2007 ein beachtliches Comeback. Als 41-Jähriger spielte der Verteidiger erstmals mit der Nationalmannschaft von Guadeloupe bei der Meisterschaft für Nord- und Mittelamerika, dem Goldcup, und erreichte dort das Halbfinale. Obwohl Angloma zuvor für die Equipe Tricolore gespielt hatte, durfte er für seine Heimat Guadeloupe antreten. Denn die Inselgruppe in

der Karibik ist kein eigenständiges Mitglied des Fußball-Weltverbandes FIFA, gehört aber zum Fußball-Verband für Nord- und Mittelamerika, CONCACAF und ist zudem ein französisches Übersee-Departement.[19] Ein Blick in die Stammbäume französischer Nationalspieler zeigt, dass womöglich bald weitere Stars für Guadeloupe spielen könnten. Neben Angloma sind auch →Thierry Henry, William Gallas, Louis Saha, Mikael Silvestre, Sylvain Wiltord und →Lilian Thuram mit Guadeloupe verwurzelt. Thuram wurde wie Angloma sogar dort geboren.[20]

Ardiles, Osvaldo (03.08.1952-): Über die Torhüter-Qualitäten von Osvaldo Ardiles ist bis heute nichts bekannt. Der Argentinier wurde 1978 im eigenen Land mit seiner Nationalmannschaft Fußball-Weltmeister – und zwar mit der Trikotnummer 1 auf dem Rücken. Dabei war Ardiles Spielmacher.[22] Ubaldo Fillol trug derweil die 5 auf dem Rücken, war aber keineswegs Libero, sondern der „Goalie“ der Gauchos.[23] Der „Nummernsalat” kam zu Stande, weil Argentinien damals die Trikotnummern von 1 bis 22 in alphabetischer Reihenfolge verteilte. Vier Jahre später trug Ardiles bei der WM in Spanien erneut die 1, Fillol hingegen war im Alphabet um zwei Plätze nach hinten gerutscht und lief mit der 7 auf.[24] Die einzige Ausnahme in der „Albiceleste“ bildete 1982 ein damals 21-Jähriger namens →Diego Maradona. Für ihn war bereits zu Beginn seiner Nationalmannschaftskarriere die 10 reserviert.

Arschawin, Andrej Sergejewitsch (29.05.1981-), der russische Stürmerstar, wird aufgrund seiner Spielintelligenz schon mal mit →Diego Maradona verglichen und macht dem Argentinier auch mit Eigenwilligkeit Konkurrenz. So verweigerte er bei seinem langjährigen Klub Zenit St. Petersburg konsequent den Torjubel, weil der Verein 2005 seinen Kumpel Wladmir Bystrow an Spartak Moskau verkauft hatte. Dann ließ er sich im Trikot des FC Barcelona fotografieren, weil er gerne ans Mittelmeer wechseln wollte. Der Wechsel scheiterte im Sommer nach der EM 2008. Heute spielt Arschawin bei Arsenal London.

In seiner Kindheit galt er als frech und musste mehrfach die Schule wechseln. Später studierte Arschawin Modedesign, schrieb zwei Bücher und wäre beinahe sogar Politiker geworden: Bei einer Kommunalwahl kandidierte er für die Partei des

Ministerpräsidenten Putin für einen Sitz im St. Petersburger Stadtparlament, lehnte das gewählte Mandat dann aber ab.[25]

Asamoah, Gerald (03.10.1978-) war bei der Fußball-WM 2002 von einem Wachmann im Teamhotel im japanischen Miyazaki genervt, weil dieser über drei Wochen jedes Mal den DFB-Ausweis von ihm sehen wollte. Der deutsche Nationalspieler sagte laut „Süddeutsche Zeitung“ einmal zu ihm: „Erkennst du mich denn nicht? Ich bin doch der einzige Schwarze hier.“[26]

Aston, Ken (01.09.1915-23.10.2001): So mancher Autofahrer mag über den Straßenverkehr in London fluchen. Der Fußball hingegen hat dem „stop and go" in Englands Hauptstadt eine einschneidende Regeländerung zu verdanken. Als Ken Aston am 24. Juli 1966 mit seinem Wagen in der Kensington Street vor einer Ampel wartete, hatte dies sprichwörtlich Signalwirkung.[27] Aston war zu jener Zeit der Vorsitzende der FIFA-Schiedsrichter-Kommission und ohnehin auf der Suche nach einer besseren Lösung bei Platzverweisen. Als Referee hatte er bei der WM 1962 die so genannte „Schlacht von Santiago" geleitet, in der Chile und Italien gleichermaßen zutraten, Aston aber lediglich zwei Azzurri vom Platz stellte. Das chilenische Militär musste sogar drei Mal den Rasen stürmen, um Schlimmeres zu verhindern und dem englischen Unparteiischen zu

Hilfe kommen.[28] Zwar pfiff Aston danach nie wieder ein Weltmeisterschaftsspiel, dennoch war er emsig bemüht, seinen Kollegen eine Möglichkeit zu offenbaren, sich in der mitunter hitzigen Stadion-Atmosphäre besser durchzusetzen und Autorität zu verschaffen. Noch am Abend vor jener revolutionären Regeländerung, die ihm an der Ampel in der Kensington Street kam, hatte Aston das WM-Viertelfinalspiel zwischen England und Argentinien gesehen. Der deutsche Schiedsrichter Rudolf Kreitlein hatte genug von Antonio Rattins Beschimpfungen und Argentiniens Kapitän des Feldes verwiesen.[29] Rattin weigerte sich jedoch, den Rasen zu verlassen, tat so, als würde er nichts verstehen. Es dauerte letztlich sieben Minuten und bedurfte der Hilfe eines Spanisch sprechenden Offiziellen, um die Situation zu klären.[30] Als Aston tags darauf die Ampel von Gelb auf Rot springen sah, hatte er die Lösung gefunden. „Yellow: take it easy, red: stop, you are off."

Bei der WM 1970 in Mexiko hatten gelbe und rote Karten Premiere. Kurt Tschenscher aus Österreich war der erste Referee, der einen Spieler bei einer WM mit dem gelben Karton verwarnte.[31] Bereits 1947 hatte Aston in England die gelben Fahnen für Linienrichter durchgesetzt.[32] Mit einer weiteren Idee scheiterte er dann 1974. Aston schlug vor, bei Unentschieden die Mannschaft mit den wenigsten Karten zum Sieger zu erklären.[33] Die FIFA lehnte dankend ab und entschied sich stattdessen für das Elfmeterschießen, das Schiedsrichter Karl Wald (17.02.1916-) aus Penzberg in Oberbayern Ende der 60er Jahre erfunden hatte. Allerdings musste Wald bis zum Verbandstag des Bayerischen Fußball-Verbandes 1970 in München warten, ehe sein langjähriger Wunsch Wirklichkeit wurde. „Als ich mich meldete, wusste Verbandspräsident Hans Huber schon, was ich wollte. Er meinte nur, 'Herr Wald, nicht so viel Elfmeterschießen'", erinnert sich Wald.[34] Letztlich gab Huber jedoch nach und verkündete, dass ab der Saison 1970/71 das Elfmeterschießen eingeführt werde. Bis dahin wurden unentschieden ausgegangene Spiele per Münzwurf oder Los entschieden. Wald indes hatte schon Mitte der 60er Jahre Elfmeter schießen lassen – streng geheim natürlich. „Bei den Pfingst- und Osterturnieren in Mittenwald und Garmisch kamen die Spieler nach Unentschieden zu mir und meinten: 'Herr Wald, was jetzt?' Ich habe gesagt, schiesst Elfmeter, aber ich darf es nicht beaufsichtigen, das ist mir nicht gestattet. Die Zuschauer standen dann im Halbkreis um den Strafraum, es herrschte Begeisterung. Da dachte ich nur: 'Das hat Zukunft'."[35] Ausgerechnet ein Bayer wurde das erste Opfer von Walds Elfer-Erfindung. →Uli Hoeneß schoss im EM-Finale 1976 seinen Elfmeter in den Belgrader Nachthimmel und machte somit die Tschechoslowakei zum Europameister. Es ist bis heute die einzige Niederlage einer deutschen Nationalmannschaft in einem Elfmeterschießen geblieben.

Klaus Augenthaler (26.09.1957-): Nachdem seine Münchner bei Roter Stern Belgrad im Halbfinale des Europapokals der Landesmeister ausgeschieden waren, schaffte es der Bayern-Kapitän 1991 wahrscheinlich in die Top 10 der besten Fußballer-Ausreden. In der Nachspielzeit der Partie produzierte er ein Eigentor, das Keeper Raimond Aumann nicht verhindern konnte. Augenthaler begründete nach dem Spiel: „Hätte

ich nicht die Arthrose am Spann, hätte ich ihn voll getroffen. So rutscht mir der Ball ab und geht als Bogenlampe ins Tor."[36] Bayern schied durch das 2:2 (Hinspiel 1:2) aus dem Wettbewerb aus, Belgrad kam ins Finale und holte sich dort gegen Olympique Marseille den Pott.

Vier Jahre zuvor musste ein mental angeschlagener Klaus Augenthaler wie alle Bayern-Mitspieler dem Torhüter Jean-Marie Pfaff danken, dass die Münchner ins Landesmeisterfinale eingezogen waren. Augenthaler hatte bei Real Madrid schon nach 30 Minuten von Schiri Vautrot die rote Karte gesehen, weil er Hugo Sanchez mit einem Faustschlag niedergestreckt hatte.[37] Der spätere Fußball-Weltmeister von 1990 hatte sich zu dieser Revanche hinreißen lassen, nachdem ihm der Mexikaner nach Augenthalers Angaben vom Schiedsrichter unbeobachtet in den Unterleib getreten hatte. Der Abwehrspieler berichtete, dass er nach dem Platzverweis in der Kabine zehn Zigaretten in zehn Minuten geraucht und außerdem alle sechs Duschen angestellt habe, „damit ich nichts mehr mitbekam."[38] Torhüter Pfaff rettete die 0:1-Niederlage der Bayern in Madrid über die Zeit, das Hinspiel hatten sie 4:1 gewonnen, im Finale 1987 gewannen dennoch die Portugiesen aus Porto den Pokal.

Ballack, Michael (26.09.1976-): 2002 war für den Kapitän der deutschen Fußball-Nationalmannschaft sportlich das wahrscheinlich schlimmste Jahr seiner Karriere. Mit Bayer Leverkusen verlor er die Meisterschaft in der Bundesliga sowie die Endspiele im DFB-Pokal und in der Champions League.

Die Krönung von Ballacks Negativserie war aber das verlorene Endspiel bei der Fußball-WM 2002 gegen Brasilien in Yokohama, an dem Ballack nicht teilnehmen konnte, weil er gesperrt war. Die vier verlorenen Endspiele erlebten hautnah auch Ballacks Bayer-Kumpels Carsten Ramelow, →Bernd Schneider, Oliver Neuville und Hans-Jörg Butt mit. Beim WM-Endspiel in Japan nicht mit dabei war der Leverkusener Jens Nowotny, nachdem er sich beim Rückspiel des Champions-League-Viertelfinals gegen ManU das Kreuzband gerissen hatte und für die WM absagen musste. Aus dieser Aufzählung ragt der Brasilianer Lucio heraus. Nach den drei verlorenen Endspielen mit Bayer gewann der Südamerikaner das WM-Finale in Yokohama, und dann ausgerechnet gegen Deutschland.

Ballack hatte mit seinen jeweiligen Toren zum 1:0 gegen die USA im Viertel- und gegen Südkorea im Halbfinale den Weg für die Deutschen geebnet. Aber dann zeigte ihm Schiedsrichter →Urs Meier im Spiel gegen die Asiaten die gelbe Karte, seine zweite in den K.O.-Spielen.

Pech hatte Ballack schon zwei Jahre zuvor gehabt: Am letzten Spieltag der Bundesliga-Saison 1999/2000 steuerte er zur finalen 0:2-Niederlage seiner Leverkusener in Unterhaching ein Eigentor bei. Bayer hätte zur deutschen Meisterschaft ein Unentschieden gereicht. Die Schale ging an den FC Bayern.

Diese Niederlagen sind aber wenig im Vergleich zu dem, was Ballack als junger Fußballer im Alter von 16 Jahren erlebte. Nach einer Knieoperation musste er damals ein Jahr pausieren. Nach der OP hatte der Arzt schon an Ballacks Krankenbett Leistungssport für den Fußballer zukünftig ausgeschlossen.[39]

Ballotta, Marco (03.04.1964-) war am 11. Dezember 2007 im Alter von 43 Jahren und 252 Tagen der älteste Spieler, der jemals in der Champions League gespielt hat.

Der Torhüter von Lazio Rom machte dann 2008 mit über 44 Jahren sein letztes Serie A-Spiel, vielleicht auch, weil er endlich mal auf einer anderen Position spielen wollte.

Ballotta sagte damals: „Mein ganzes Leben lang musste ich meinen Kollegen beim Jubeln zuschauen, wenn sie getroffen hatten.“[40] Nach seinem Ausstieg als Fußballprofi ging Ballotta runter in die achte Liga zu Calcara Samoggia, wo er als Mittelstürmer spielte.[41]

Baresi, Franco (08.05.1960-): Die italienische Libero-Legende vom AC Mailand wurde wegen seines perfekten Spiels nach der deutschen Lichtgestalt „Franz“ genannt. Baresi war Ende der achtziger Jahre Mitglied der großen Milan-Mannschaft mit den Holländern Gullit, Rijkaard und van Basten. 1989 und 1990 gewann Baresi mit seinem Verein den Europapokal der Landesmeister, aber er verschoss für die Nationalmannschaft einen der entscheidenden Elfmeter im WM-Finale 1994 gegen Brasilien.

Sein Vereinspräsident und Klubinhaber Silvio Berlusconi strich ihm einst aus Angst ums Gewicht Baresis Lieblingsnachspeise, die crostata genannte Linzer Torte: „Meine Profis brauchen keinen Kuchen.“[42]

Basler, Mario (18.12.1968-), der in der Fußball-Bundesliga unter anderem für Werder Bremen und Bayern München spielte, war während seiner aktiven Zeit nach Spielen unter der Leitung von Knut Kircher häufiger in der Schiedsrichterkabine zu finden. Nicht um zu meckern, sondern um unbeobachtet eine zu rauchen. Es war der einzige Ort, der ihm für die Verrichtung der lebenswichtigen Tätigkeit blieb.[43] Ganz so einfach machten es ihm Schiri Kircher und sein Team aber nicht. Die Bedingung war laut dem Fußballmagazin 11Freunde: „Mario, bring vier Bier mit, dann geht das in Ordnung.“[44]

Batistuta, Gabriel „Batigol“ (01.02.1969-), der argentinische Stürmerstar, ließ sich bei der Fußball-WM 1998 für jedes erzielte Tor ein Rindvieh vom Verband seines Heimatlandes für die Privathacienda schenken.[45] Nach dem 5:0 der Albiceleste gegen Jamaika waren sogar drei fällig, weil Batigol einen Hattrick schaffte. Am Ende des Turniers hatte Batistuta fünf Mal getroffen. Er erhielt den Silbernen Schuh als zweitbester Torschütze der WM.

Naturalien als Belohnung für sportliche Spitzenleistungen sind auch in anderen Ländern an der Tagesordnung: Der russische Boxer Rajmkul Malachbekow erhielt in seiner Heimatrepublik Kalmükien nach seinem WM-Sieg 1995 als Präsente neben einer Wohnung und einem Orden auch ein Pferd und einen Ochsen.[46]

Beckenbauer, Franz (11.09.1945-) wurde an einem 11. September geboren.

Mutter Antonie ging zu Fuß die sieben Kilometer ins Krankenhaus von München-Giesing nach München-Neuhausen. Ganz zum Schluss wurde sie von einem amerikanischen Soldaten in einem Militärjeep mitgenommen.[47]

„Der Kaiser" sollte eigentlich ein Mädchen werden, wie seine Mutter in einem Interview anlässlich ihres 90. Geburtstages im Jahr 2003 der „Bild" gestand. Nach dem Erstgeborenen Walter Beckenbauer sollte am liebsten eine „Erika" oder „Franziska" folgen.[48] Es wurde dann doch ein „Franz".

Er wuchs in München-Giesing auf, wo er barfuss Fußball spielte, heißt es, und dabei den eleganten Stil erlernte, für den er später so bewundert werden sollte, „wegen der Nägel und Scherben im Giesinger Hinterhof (…) habe er sich diesen Stil zugelegt. Ja, zulegen müssen", schrieb Thomas Kistner in der „Süddeutschen Zeitung".[49]

Sein erster Trainer beim SC München 06 war ein Soldat, der im Krieg ein Bein verloren hatte und trotzdem weiterspielte, mit Krücken.

Nachdem er als Spieler 1974 den Titel geholt hatte, wurde Beckenbauer 1990 auch als Teamchef Fußball-Weltmeister: „Meine Lieblingszahl ist die sechs. Als wir Weltmeister wurden, gegen Argentinien, das war mein 66. Länderspiel. Double Six. Da konnte überhaupt nichts schief gehen."[50]

Der österreichische Allroundkünstler Andrè Heller erzählte einmal, dass er als junger Chansonnier in München zwei Sammlern jeweils 32 Autogramme von sich geben musste. Die brauchten sie, um zu tauschen: Für 32 Heller gab es eine Unterschrift von Beckenbauer.[51]

Auch außerhalb des Platzes traf der Kaiser ins Schwarze: 1980 spielte er zum ersten Mal Golf. Eigentlich wollte an diesem Tag seine damalige Lebensgefährtin Diana Sandmann in Ham-

burg die Platzreife schaffen. Am Ende erreichte er und nicht sie die Platzreife. Zuvor hatte Beckenbauer noch nie einen Golfball gespielt.[52]

Seine geliebte Muter Antonie erlebte den größten Erfolg ihres Sohnes in jüngerer Zeit nicht mehr: Wenige Monate vor dem

Anpfiff der Fußball-WM 2006, für die Beckenbauer als Organisationschef verantwortlich gewesen war, starb sie am 11. Januar 2006 – im Alter von 92 Jahren.

Becker, Fritz (13.09.1888-22.02.1963): Es ist eine Anekdote aus einer längst vergessenen Medienwelt. Vor dem ersten offiziellen DFB-Fußball-Länderspiel gegen die Schweiz 1908 erfuhr der 18-jährige Fritz Becker von seiner Nominierung aus der Zeitung. Während der Bahnfahrt nach Basel sprach niemand den jungen Mann aus Frankfurt an, weil er seinen Mannschaftskameraden unbekannt war.[53]

Noch Tage zuvor hatte Becker im Karzer seiner Schule sitzen müssen, weil er Fußball gespielt hatte. Der Direktor begründete die Maßnahme mit den Worten, Becker habe „inmitten eines Haufens von Rohlingen mit den Beinen gegen einen Ball getreten“[54].

Am 5. April 1908 erzielte dieser renitente Fritz Becker das 1:0 – es war nach sechs Spielminuten das erste Tor in der deutschen Länderspielgeschichte. Die Gäste verloren am Ende trotzdem auf dem Sportplatz Landhof vor 4.000 Zuschauern mit 3:5. Als Dankeschön fürs Kommen erhielten weibliche Zuschauer übrigens eine Tafel Schokolade.[55]

Für Fritz Becker sollte das Spiel in der Schweiz sein einziges für Deutschland bleiben. Auch das abschließende Spielerbankett war für den jungen Mann ärgerlich zu Ende gegangen. Dem Schweizer Torhüter schlug morgens um drei Uhr eine trockene Parade fehl, mit dem Resultat, dass „ein Tablett mit Worcestersauce, Essig und Senf (…) auf Beckers geliehenem Smoking landete. Die Reinigung kostete den Gymnasiasten 48 Mark.“[56] – so das Fazit der Süddeutschen Zeitung.

Beckham, David Robert Joseph (02.05.1975-) ist eine der rätselhaftesten Erscheinungen im Weltfußball. Für die einen ist der Mittelfeldspieler ein Genie, für die anderen nur eine Werbe- bzw. Popikone. Beckham gewann 1999 mit Manchester United das legendäre Endspiel gegen Bayern München, das die Engländer nach einem 0:1 in den Schlussminuten noch zum 2:1 drehten.

Mit der Nationalmannschaft blieben für Beckham, wie für alle englischen Spieler seiner Generation, die Erfolge aus. Im Achtelfinale der WM 1998 sah Beckham die rote Karte, weil er im Liegen gegen den Argentinier Simeone nachgetreten hatte. England verlor das Spiel, natürlich im Elfmeterschießen, mit 5:6.

Bei der EURO 2004 verschoss der Fußballstar im Elfmeterschießen im Viertelfinale gegen Portugal, und die „three lions" waren aus dem Turnier ausgeschieden.

Legendär sind Beckhams Auftritte als „celebrity". So soll beispielsweise ein Privatversicherer 360.000 Euro gezahlt haben, um im Juli 2003 die Klinik für Beckhams Untersuchung am Tag seiner Vorstellung bei Real Madrid stellen zu dürfen. Vor dem Krankenhaus warteten 100 Journalisten. Real Madrid TV berichtete live von der Untersuchung. Auch über die Internetseite des spanischen Senders konnten die Fans sie verfolgen.[57]

Für die Fernsehberichterstattung vom späteren Umzug von Madrid nach Los Angeles, wo „Becks" bei L.A.Galaxy anheuerte, bot ein US-amerikanischer Sender dann 15 Millionen

Euro.[58]

Der legendäre niederländische Trainer-Weltenbummler **Leo Beenhakker** (02.08.1942-) wurde unter anderem mit Real Madrid drei Mal spanischer Meister. Mit Nationalmannschaften hatte er dagegen wenig Erfolg. Er hat als Nationaltrainer noch nie ein Turnierspiel gewonnen: 1990 verloren die Niederländer unter ihm das legendäre WM-Achtelfinale mit 1:2 gegen Deutschland, als Frank Rijkaard →Rudi Völler bespuckte. Mit Trinidad/Tobago war Beenhakker bei der WM 2006 und mit Polen bei der EM zwei Jahre später dabei.

Belanow, Igor (25.09.1960-): Der Vize-Europameister mit der UdSSR 1988 und „Europas Fußballer des Jahres“ 1986 wechselte im Oktober 1989 als erster sowjetischer Spieler in die Fußball-Bundesliga. Was von ihm im Gedächtnis bleibt? Vor allem eine lange Eingewöhnungsphase bei Borussia Mönchengladbach mit rudimentären Deutschkenntnissen. Er wollte mit Dollars bezahlt werden und wurde mit seiner Frau bei einem Ladendiebstahl erwischt. Seine Frau Irina war schon früh aufgefallen, als sie in einem Supermarkt 15 Kilogramm Fleisch auf einmal kaufte, weil sie glaubte, „dass morgen kein Fleisch angeboten wird.“[59]

Während der Saison 1990/91 wechselte Belanow zu Eintracht Braunschweig in die zweite Fußball-Bundesliga.

Bellamy, Craig (13.07.1979-): „Er ist ein Mensch, der alleine in einem Raum eine Schlägerei anfangen kann”[60], hatte einst sein Trainer Bobby Robson von Newcastle United über den walisischen Nationalspieler gesagt. Bellamy gilt als ebenso begabt wie „bekloppt“. In England nennen sie ihn nur „The nutter with the putter” (Der Verrückte mit dem Golfschläger). Diesen Spitznamen hatte sich der Mittelfeldmann 2007 redlich verdient. Damals spielte er beim FC Liverpool und attackierte in einer Bar plötzlich seinen Team-Kollegen John Arne Riise mit einem Golfschläger – aus, zumindestens für ihn, nachvollziehbarem Grund. Der Norweger hatte sich schließlich standhaft geweigert, Karaoke zu singen.[61] Vier Tage später gewann Liverpool das Champions-League-Spiel beim FC Barcelona mit 2:1 – Bellamy schoss den Ausgleich und feierte seinen Treffer mit einem Golfschwung.[62] Den Siegtreffer erzielte Riise – ausgerechnet auf Vorlage von Bellamy.

Auch privat greift der Waliser schon mal zu ungewöhnlichen Maßnahmen. Obwohl er seit 2006 mit seiner Jugendliebe Claire verheiratet ist, schlafen die beiden nicht im gemeinsamen Ehebett. Bellamy bevorzugt stattdessen ein Höhenzelt, das die Effekte eines Bergtrainings simuliert.[63] Die Familienplanung hat unter diesen ungewöhnlichen Umständen jedoch nicht gelitten: Claire und Craig Bellamy haben drei gemeinsame Kinder.

Bensemann, Walther (13.01.1873-12.11.1934): Die Ursprünge des Fußballs und der Fußball-Berichterstattung in Deutschland sind eng mit seinem Namen verbunden. Auf einem Internat in Montreaux in der Schweiz kam Bensemann mit englischen Schülern in Kontakt. In deren Heimat war Football bereits populär, in Deutschland sprach man Ende des 19. Jahrhunderts hingegen von einer „Fußlümmelei".[64] Bensemann gründete als 14-jähriger Schüler 1887 zusammen mit seinen englischen Klassenkameraden den Football Club Montreaux.[65] Zwei Jahre später kam er nach Karlsruhe und leistete auch hier Pionierarbeit. Er gründete mit dem International Football Club Karlsruhe den ersten Fußball-Verein Süddeutschlands[66] und war an der Gründung weiterer Klubs beteiligt – darunter den Vorgängern des FC Bayern München, von Eintracht Frankfurt und vom Karlsruher SC.[67]

Bensemann war auch Initiator der so genannten Urländerspiele. Die erste dieser Partien wurde im Dezember 1898 ausgetragen – zehn Jahre vor dem ersten offiziellen Länderspiel einer DFB-Auswahl. Eine von Bensemann zusammengestellte deutsche Mannschaft spielte in Paris und gewann.[68] Nur ein Jahr später gelang es dem damaligen Studenten Bensemann, die englische Auswahl nach Berlin zu holen. Es war das erste Mal, dass die Engländer auf dem europäischen Festland antraten.[69] Die Gäste gewannen in Berlin gegen überforderte Gastgeber mit 13:2.

Bensemann war 1900 in Leipzig bei der Geburtsstunde des Deutschen Fußball-Bundes dabei und gründete am 14. Juli 1920 in Konstanz den Kicker.[70] Das Fußballmagazin war zu jener Zeit ein Ein-Mann-Betrieb. Bensemann war Herausgeber, Chefredakteur, Berichterstatter und Glossenschreiber in einem und besorgte zudem noch das nötige Geld.[71] Seine bissigen Kommentare missfielen Politikern ebenso wie den DFB-Oberen. Als Jude musste er seine Arbeit mit der Machtübernahme der Nazis einstellen. Bensemann emigrierte in die Schweiz. Bei der Weltmeisterschaft 1934 in Italien warnte er die deutschen Journalisten noch eindringlich vor den Nazis.[72] Weniger Monate später verstarb er dort, wo er einst mit dem Fußball-Virus infiziert wurde – in Montreaux.

Berger, Jörg (13.10.1944-) ist an einem Freitag dem 13. geboren und in seinem Leben drei Mal geflohen. Im Januar 1945 hatte seine Mutter zusammen mit einer Freundin bereits Bordkarten für die „Wilhelm Gustloff" gekauft.[73] Das Schiff sollte tausende Deutsche vor der herannahenden Roten Armee von Danzig aus über die Ostsee in Sicherheit bringen. „Man riet ihr aber ab, mit einem so kleinen Kind auf die 'Gustloff' zu gehen", sagt Berger, der damals noch ein Säugling war.[74] Letztlich entschieden sich die drei für den Zug und kamen nach einer einwöchigen Odyssee nach Leipzig. Dort erfuhr die Mutter dann, dass die „Wilhelm Gustloff" von einem sowjetischen U-Boot versenkt worden war und dabei rund 9.000 Flüchtlinge ums Leben kamen.

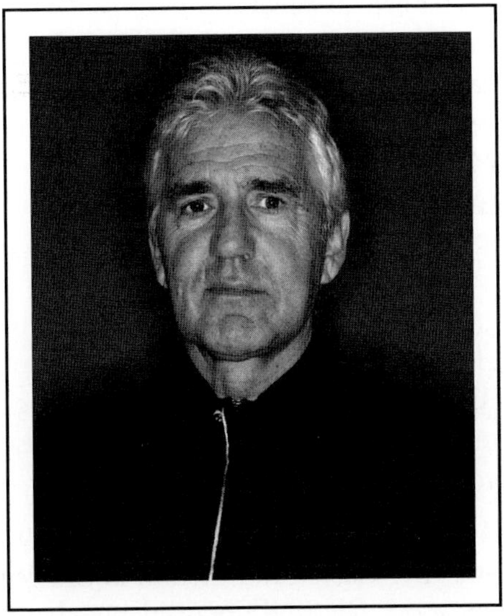

Ende März 1979 nutzte Berger dann als Trainer der DDR-Junioren-Auswahl ein Länderspiel in Jugoslawien, um sich in den Westen abzusetzen. Nachdem er das Mannschaftshotel in Subotica früh morgens verlassen hatte, fuhr er mit dem Zug ins rund drei Stunden entfernte Belgrad. Aus Angst, dass man dort bereits von seiner Flucht erfahren haben könnte, sprang er bereits auf dem Containerbahnhof vom fahrenden Zug ab, schlug sich anschließend bis zur Lufthansa durch und kam mit Hilfe eines Sicherheitsangestellten der Fluggesellschaft in die westdeutsche Botschaft[75]: „Dort hatte ich dann das erste tolle Erlebnis. Der Pförtner sah sich meinen Pass an und ich sagte zu ihm: 'Ich bin DDR-Bürger.' Er lachte, schüttelte den Kopf und meinte: 'Nein, nein, Sie sind Deutscher!'"[76] Berger erhielt einen gefälschten Pass und bestieg als Gerd Penzel den Zug von Belgrad nach München.[77] Trotz neuer Identität wusste er nach eigenen Angaben nicht, „ob ich in den Westen oder ins Zuchthaus kommen würde."[78] Ein jugoslawischer Grenzbeamter erkannte Berger bei der Passkontrolle im Zug sogar, verriet ihn aber nicht: „Denn es gab zu dieser Zeit in Jugoslawien eben solche und solche, welche, die westlich eingestellt waren, und welche, die überzeugte Kommunisten waren. Ich hatte eben das Glück, dass ich da auf den Richtigen gestoßen war. Er (...) schaute mich an und sagte, als er mir den Pass zurückgab: 'Und hiermit wünsche ich Ihnen viel Glück im Westen, Herr Berger!'"[79] Wie später herauskam, hatte sich Wolfgang Riedel, der die DDR-Delegation in Jugoslawien leitete, unmittelbar nach Bergers Flucht auf den Weg gemacht, um ihn noch vor der Grenze abzufangen.[80]

Als eine Flucht bezeichnete Berger auch seinen Abschied aus der Türkei, wo er in der Saison 2000/01 Trainer bei Bursaspor war.[81] Die 19 Klubpräsidenten hatten vom Deutschen umgehend Titel gefordert. Nachdem der Saisonverlauf nicht ihren ehrgeizigen Erwartungen entsprach, erlebte Berger nach eigenen Angaben „die Hölle"[82]: „Meine Frau und meine Kinder mussten unter Polizeischutz aus dem Stadion geleitet werden. (...) Wenige Stunden später war schon mein Handy tot, am nächsten Morgen fehlte das Nummernschild am Wagen", erinnert sich Berger. Bei einem letzten Gespräch mit den Klubbossen legte einer von ihnen sogar eine Pistole auf den Tisch und betonte: „Das ist die Sprache, die wir sprechen."[83] Als Berger anschließend daheim ankam, war das Haus verwüstet und Randalierer skandierten „Berger, verlasse Bursa"[84] aus einem Bus heraus. Tags darauf flogen er und seine Familie zurück nach Deutschland.

Bierhoff, Oliver (01.05.1968-), der Teammanager der Nationalmannschaft, wurde in Italien zum Fußballstar. Er spielte u. a. beim AC Mailand und bei Udinese Calcio. Zum Friaul, der Region im Nordosten Italiens, hat Bierhoff sogar familiäre Beziehungen. Seine Großmutter stammt aus einem Dorf nördlich von Udine. Während seiner Zeit (1995-1998) im Friaul besuchte Bierhoff auch ein Weinseminar. Die Gegend ist für ihre ausgezeichneten Weine bekannt.[85]

Bobic, Fredi (30.10.1971-): Eigenvermarktung ist alles – auch als Nationalspieler. Der bekennende Internetfreak Bobic legte sich mit freddibobic.de Ende der neunziger Jahre als erster deutscher Fußballprofi eine eigene Homepage zu.[86]

Bogarde, Winston (22.10.1970-): Auch wenn die niederländischen Fußball-Nationalspieler mit Migrationshintergrund aus Suriname, beispielsweise Ruud Gullit oder Frank Rijkaard, oft als Musterbeispiele für Integration galten, gab es auch Gegenbeispiele. Nationalspieler Winston Bogarde wollte sich kurz vor Beginn der EM 1996 mit Neonazis prügeln. In Rotterdam wurde er von Skinheads als „Nigger" und „schwarze Sau" beschimpft. Bogarde zog sich die Jacke aus und wollte sich zum Kampf stellen. Mannschaftskameraden hielten ihn jedoch zurück.[87]

Braun, Egidius (27.02.1925-) spielte auch während seiner Zeit als DFB-Präsident, so oft er konnte, immer sonntags die Orgel im Aachener Augustiner-Kloster. Sein Geld verdiente er sich über Jahre als Unternehmer im Kartoffelhandel.[88]

Brehme, Andreas (09.11.1960-) machte Deutschland 1990 mit seinem Elfmeter gegen Argentinien zum Fußball-Weltmeister. Nach offiziellen Trainingseinheiten hat er oft Elfmeter mit Partnern geübt und dabei um ein Mittagessen gespielt. Er soll dabei selten gezahlt haben.[89]

Breitner, Paul(05.09.1951-): Sie hatten jahrelang Probleme und Diskussionen miteinander: Die 74er Weltmeister Paul Breitner, →Franz Beckenbauer und →Uli Hoeneß. Das hing vor allem mit Breitners Arbeit als Bild-Kolumnist zusammen. Die Streitereien sollen aber am Ende auch etwas Positives gehabt haben. So sah es Breitner jedenfalls: „Außerdem hat meine Kritik letztlich dabei mitgeholfen, dass der Franz umgeschwenkt ist und nicht mehr seinen Sechs-Verteidiger-Fußball gespielt hat, sondern den, mit dem wir 1990 schließlich Weltmeister wurden."[90]

Bevor zwischen Hoeneß und Breitner zwischenzeitlich Funkstille war, hatten die beiden eine ernste Situation zusammen durchgestanden: In der Nacht vom 17. auf den 18. Februar 1982 saß Paul Breitner in Hannover am Bett von Uli Hoeneß. Der Bayern-Manager hatte damals als einziger einen Flugzeugabsturz überlebt.[91] Und trotz der partiellen Differenzen vertieften die Erlebnisse von Hannover die Freundschaft der beiden.

Wie wichtig klare und verständliche Ansagen im Fußball sind, bewies Breitner 1974. Der Bayernprofi und Weltmeister hatte ein Angebot von Real Madrid auf dem Tisch liegen und musste deshalb noch ein kleines Detail klären. Er rief kurz in die Küche: „Hilde, gehst du mit?"[92] Die Ehefrau war einverstanden, und Breitner ging in die spanische Hauptstadt, in der er bis 1977 spielte.

Breukelen, Hans van (04.10.1956-): Das Halbfinale der Fußball-EM 1988 in Hamburg zwischen Deutschland und Holland war eine dieser emotionsgeladenen Partien, die dieses Länderduell seit Jahren ausmacht. Der niederländische Torhüter van Breukelen rastete dabei nach dem 0:1-Rückstand gegenüber →Lothar Matthäus völlig aus: „Ich hoffe, das du tierisch stirbst." 16 Jahre später sagte van Breukelen, dass er nicht stolz auf die Aussage sei.[93] Holland gewann 1988 das Spiel 2:1 und wurde später im Endspiel gegen die UdSSR Europameister.

Brinkmann, Ansgar (05.07.1969-): Sein Spruch auf dem Anrufbeantworter lautete zu seiner aktiven Zeit als Profi-Fußballer: „Bin bis fünf Uhr morgens in meiner Stammkneipe zu erreichen."[94] Und als der Arminia-Spieler Brinkmann angetrunken in einer Bielefelder McDonalds-Filiale einem Gast gegenüber mit den Worten „Ich habe gerade 800 Mark für Schampus ausgegeben und immer noch 2 Millionen auf dem Konto"[95] prahlte, entgegnete dieser: „Dann leg doch mal zwanzig Mark für eine anständige Frisur hin.“[96] Brinkmann verstand keinen Spaß, brach seinem Gegner mit einem gezielten Schlag angeblich die Nase und musste dafür 42.000 Euro Strafe zahlen.[97]

Zusammen mit Marcel Witeczek und →Oliver Bierhoff wurde Brinkmann zu Beginn seiner Karriere mit Bayer Uerdingen deutscher Jugendmeister. Im Alter von 26 Jahren spielte er in Cloppenburg, wo er in die zweite Mannschaft versetzt wurde, weil er laut „11Freunde“ bei der Weihnachtsfeier des Vereins behauptete, „statt dem Trainer könne genauso gut auch der Busfahrer die Elf aufstellen.“[98]

Brinkmann beendete 2007 in der Oberliga bei Preußen Münster seine aktive Karriere.

Brückner, Karel (13.11.1939-): Der tschechische Fußballtrainer, der mit seiner Physiognomie und den weißen Haaren eher als Theaterdirektor durchgehen würde, ist auch feingeistig in seinen Auskünften gegenüber der Presse. Nach seinem Erfolgsgeheimnis gefragt, antwortete Brückner einmal: „Ich habe keine Geheimrezepte, außer für Kuchen.“[99]

Buffon, Gianluigi (28.01.1978-): Er ist einer der besten Keeper der Welt: als erster wurde er vier Mal hintereinander Welttorhüter. Und er ist ein großer Spaßvogel. „Buffone“ bedeutet „Hanswurst“ oder „Scherzkeks.“ Um Jura zu studieren, kaufte sich der spätere Keeper von Juventus Turin und der italienischen Fußballnationalmannschaft „aus Naivität“, wie er sagt, seinen Schulabschluss.[100] Er studierte tatsächlich ein paar Semester lang.

Die Sache kam ans Licht, er musste wegen Urkundenfälschung 3200 Euro Bußgeld zahlen.[101] Der „buffone“ machte lieber Karriere als Fußballprofi.

Einer seiner Lieblingsvereine ist nach eigenen Angaben Borussia Mönchengladbach, neben Real Madrid, Celtic Glasgow und West Ham United. Der Name des deutschen Vereins habe ihn schon immer fasziniert, so Buffon: „So lang, so schwierig. (...) Als kleiner Junge konnte ich ihn nicht aussprechen, eigentlich kann ich es immer noch nicht.“[102]

Buschner, Georg (26.12.1925-12.02.2007) war Trainer der DDR-Nationalmannschaft, als das Team bei der WM 1974 mit dem 1:0 gegen die Bundesrepublik zu einem historischen Triumph kam. Buschner betreute die Mannschaft bei 115 Länderspielen und gewann mit der DDR 1976 Olympiagold in Montreal.

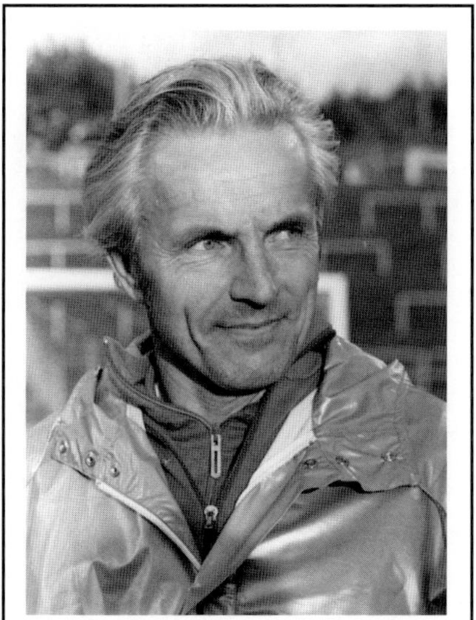

Buschner war alles andere als angepasst und legte sich häufig mit den DDR-Sportfunktionären an. Nach drei Meisterschaften mit Motor Jena war er 1970 von ihnen gezwungen worden, die Nationalmannschaft zu übernehmen. Dabei habe seine Existenz auf dem Spiel gestanden, erzählte Buschner später. Nachdem sich die Mannschaft nicht für die WM 1982 qualifizieren konnte, war Buschners Trainerkarriere beim Nationalteam beendet:

Dass er entlassen wurde, hörte er zuerst aus dem Westfernsehen. Die Funktionäre hatten schon seit geraumer Zeit nach einem Grund gesucht, den Trainer los zu werden. Nach einer Herzoperation galt er als Invalide, obwohl er nach eigenen Angaben gerne noch als Trainer weitergearbeitet hätte.[103] Buschner sprach selbst von einem „Berufsverbot“[104], dem er ausgesetzt gewesen sei.

Einer von Buschners prominenten Schülern ist Kulttrainer →Hans Meyer.

Calmund, Reiner (23.11.1948-): Sein Vater Karl Calmund war Soldat in der französischen Fremdenlegion. Er fiel in Vietnam, als Reiner Calmund sechs Jahre alt war. Anfang des Jahres 2008 besuchte Calmund in dem südostasiatischen Land zum ersten Mal das Grab des Vaters. Der ehemalige Manager von Bayer Leverkusen hatte erst kurz zuvor erfahren, wo dessen letzte Ruhestätte genau lag. Karl Calmund war am 15. Juli 1954 an seinen Verletzungen gestorben. Er hatte sie in der Entscheidungsschlacht von Dien Bien Phu erlitten. Sechs Tage später beendete das Genfer Abkommen den Indochinakrieg und Frankreichs Kolonialzeit in Vietnam.[105]

Camacho, Josè, eigentlich José Antonio Camacho Alfaro (08.06.1955-) wurde mit Real Madrid zehn Mal spanischer Meister und gewann mit den „Königlichen“ zweimal den UEFA-Pokal.

Dem Abwehrspieler wurde schon früh bewusst, wie wichtig es ist, im Leben und im Sport für Dinge zu kämpfen. Sein Vater hatte im Spanischen Bürgerkrieg für die Sache der Republikaner gekämpft und war deshalb vom Franco-Regime über Jahre interniert worden. Für den kleinen Josè war es in seiner Kindheit normal, dass die Familie nach der Freilassung seines Vaters regelmäßig alle paar Monate von der Polizei zu Hause kontrolliert wurde. Die Kontrollen hörten erst auf, als Josè Camacho 1973 seinen ersten Vertrag bei Real Madrid unterschrieb.[106]

Canio, Paolo di (9.7.1968-): Der italienische Stürmer machte vor allem zum Ende seiner aktiven Zeit nie einen Hehl aus seinen rechtsradikalen Ansichten. Der Spieler von Lazio Rom zeigte 2005 bei Ligaspielen in Italien mehrfach den „Römischen Gruß“ und wurde dafür auch bestraft. Seine andere Seite als Sportsmann zeigte Di Canio dagegen im Dezember 2000, als er für West Ham United in der englischen Premier League spielte. Im Match gegen den FC Everton wartete Di Canio im Strafraum beim Spielstand von 1:1 auf eine Hereingabe, setzte zu einem Volleyschuss an, brach dann aber mitten in der Bewegung ab und fing den Ball auf. Das Tor war leer, Evertons Torhüter Paul Gerrard lag mit einer plötzlichen Knieverletzung am Boden in seinem Fünfmeterraum.[107] Der Italiener wollte mit seiner Geste den Betreuern Zeit geben, den Verletzten zu behandeln. Di Canio hatte zwar eine sichere Chance für ein Siegtor verpasst, aber Sympathien gewonnen, wie Autor Raphael Honigstein beschrieb: „Gerrard muss ausgewechselt werden. Das Match endet 1:1. Das komplette Stadion verabschiedet Di Canio mit begeistertem Jubel.“[108]

Für seine Aktion erhielt Paolo di Canio im Jahr 2001 den FIFA Fair Play Award.

Die BBC schätzte das Verhalten Di Canios als positive Wende im Vergleich zu einem früheren Ausraster des Spielers ein: Im Trikot von Sheffield Wednesday war der Italiener 1998 gesperrt worden, weil er Schiedsrichter Paul Alcock zu Boden gestoßen hatte.[109]

Cannavaro, Fabio (13.09.1973-) und Bernd Schuster (22.12.1959-) hatten schon etwas gemeinsam, als der Deutsche noch nicht bei Real Madrid der Trainer des italienischen Verteidigers war, nämlich den Namen. Wegen seiner langen blonden Haare wurde Cannavaro als Kind der „kleine Schuster“ genannt. Der Italiener und der Deutsche wurden 2008 mit Real spanischer Meister. Schuster wurde diese Ehre als erstem deutschen Trainer zuteil. Als Spieler hatte der Deutsche in Spanien insgesamt 15 Titel gewonnen.[110]

Cantona, Eric (24.05.1966-): Aus seiner Anfangszeit in England, wohin er 1992 zu Leeds wechselte und danach zu ManU ging, ist überliefert, dass den Stürmerstar nach eigener Aussage auch Sprachprobleme nicht stoppen konnten: „Ich verstehe nur ein Wort: Goal.“[111]

In der englischen Premier League zur Legende geworden, verpasste er durch seinen frühen Rücktritt als Profi 1997 die großen Erfolge der französischen Fußballnationalmannschaft (WM 1998, EM 2000).

Für einen Fußballer hatte Cantona außergewöhnliche Hobbies: Sie nannten ihn „Picasso", weil er privat gerne malte, und er schrieb auch Gedichte.[112]

Capello, Fabio (18.06.1946-): Als der Italiener im Dezember 2007 nach der gescheiterten EM-Qualifikation neuer englischer Nationaltrainer wurde, sorgte dies für Gesprächsstoff schon allein dadurch, weil zwei grundverschiedene Fußballkulturen aufeinander prallten: Die offensiv ausgerichteten Engländer einerseits und die Italiener mit ihrer perfekten Verteidigung andererseits. Der Mann, der in Italien gern „Feldmaresciallo"[113] genannt wird, hatte schon vor seinem Wechsel auf die Insel eine starke Verbindung zu England, die aus seiner Zeit als Nationalspieler resultierte: Capello schoss Italien am 14. November 1973 gegen England im Londoner Wembleystadion zu einem 1:0-Erfolg. Es war der erste Sieg für die Italiener im Tempel des Fußballs. Der Treffer hatte in Italien einen ähnlichen Stellenwert wie Gianni Riveras 4:3 im Halbfinale gegen Deutschland bei der WM 1970.

Cassano, Antonio (12.07.1982-): Für seine Rüpeleien und Ausfälle gibt es im Italienischen eine eigene Vokabel: cassanate. Beim AS Rom ekelte er beispielsweise Trainer →Rudi Völler weg, den er ständig „Fritz" nannte. Cassano über den Deutschen: „Ein braver Junge, aber kein Trainer". Nachdem Völler Cassano wegen Disziplinlosigkeit vom Training ausgeschlossen hatte, habe der Deutsche, so erzählt es der Italiener, die Verantwortlichen bei der Roma vor die Wahl gestellt: Cassano oder er. Cassano blieb.

Auch während seiner Zeit bei Real Madrid produzierte Cassano Schlagzeilen: Der Stürmer spielte nicht häufig und nahm eifrig zu: Bei 1,75 m brachte er schon mal 91 Kilogramm auf die Waage. Sein Madrider Teamkollege →Ronaldo taufte ihn deshalb „el Gordito“ (Dickerchen). Für ihn selbst war schon die Bezeichnung „el Gordo“ (Dicker) reserviert.[114]

In seiner sehr offenen Autobiografie schreibt Cassano, der in armen Verhältnissen im süditalienischen Bari aufwuchs, dass er nie in seinem Leben gearbeitet habe, sechs Mal in der Schule sitzen blieb und wenn nicht Fußballer, dann Verbrecher geworden wäre. Einer seiner Brüder gehörte einer Gang an, die Geldautomaten knackte.[115]

Cech, Petr (20.05.1982-): Der tschechische Nationaltorwart vom FC Chelsea spielt seit einer Schädelverletzung mit einem Schutzhelm: Der ist neben guten Leistungen im Strafraum zu seinem Markenzeichen geworden. Sein Vater war einer der besten tschechischen Zehnkämpfer. Petr stellte gleich in seiner ersten Saison 2004/5 in London einen Rekord auf: Er bekam nur 13 Gegentore in der Premier League und hielt dabei in 25 Spielen den Kasten ganz sauber.[116]

Der Trainer von Arsenal London, Arséne Wenger, wollte den Welttorhüter von 2005 schon 2001 verpflichten. Damals war Tschechien noch nicht in der EU, und es fehlte für Cech eine britische Arbeitserlaubnis.[117]

Ein Mann namens Gabi Riera hat ein besonderes

Verhältnis zu Petr Cech: In der WM-Qualifikation spielte er 2005 mit seinen Teamkollegen aus Andorra gegen die Tschechen. Cech und seine Mannschaft lagen schon mit 8:0 vorn, als Gabi Riera von der Strafraumgrenze abzog und der tschechische Weltklassemann den Ball durch die Beine rutschen ließ. Andorras Jubel über das 1:8 war groß.[118]

Chapuisat, Stephane (28.06.1969-): Der Schweizer, der lange Zeit bei Borussia Dortmund spielte, ließ sich laut „Süddeutsche Zeitung“ als Erster in seinem Land den Beruf „Fußball-Professional“ in den Pass schreiben.[119]

Chilavert, Jose Luis (27.07.1965-): Der exzentrische Torhüter aus Paraguay fiel nicht nur durch seine Paraden auf, sondern hatte auch seine Qualitäten als Freistoß- und Elfmeterschütze. So erzielte er insgesamt 58 Tore, acht davon in seinen 77 Länderspielen.[120] Sein berühmtestes Tor gelang ihm am 22. März 1998. Im Stadt-Derby gegen River Plate Buenos Aires traf er für sein Team, Vélez Sársfield, aus mehr als 60 Metern. Der Treffer wurde zum „Tor des Jahres“ in Argentinien gewählt. Chilavert ist der einzige Torhüter, der diese Auszeichnung erhielt.[121]

Bekannt wurde er jedoch auch für seine Eskapaden. Aufgrund einer Schlägerei in einer Bar bekam er während seiner Zeit in Sarsfield ein 13-monatiges Berufsverbot und wurde zudem zu drei Monaten Gefängnis verurteilt. Nur drei Tage nach der Urteilsverkündung stand Chilavert jedoch wieder im Tor der paraguayischen Nationalmannschaft. Alle guten Torhüter seien aggressiv, meinte er lapidar.[122] Neben dem Fußball liebt Chilavert auch Waffen. Und diese, so betonte er, würde er im Notfall auch benutzen.[123]

In seinem Heimatland hat Chilavert einmal den Präsidentschaftskandidaten Oviedo öffentlich geohrfeigt. Auch dies blieb ohne Folgen für den exzentrischen Torhüter.[124]

Clemente, Javier (12.03.1950-) ist als gebürtiger Baske sowieso schon ein spezieller und eigenwilliger Spanier. Er war für sein Land 1994 und 1998 bei Fußball-WM und 1996 bei der EM als Trainer zuständig. Seine Eigenwilligkeit präsentierte Clemente beispielhaft 1998 beim Turnier in Frankreich, als er dem Madrider Radiosender „Cope" wiederholt lange Live-Interviews gab. Er war dabei an den Einnahmen der Werbespots beteiligt, die zwischen den Interviews gesendet wurden.[125]

Collina, Pierluigi (13.02.1960-): Er wurde als Schiedsrichter von Spielern und Trainern geachtet, er pfiff das WM-Finale 2002, aber Kultstatus erlangte der Italiener durch seine Glatze und das markante Gesicht. Wie kultig Collina wirklich war, beweist Folgendes: Eine Schweizer Uhrenfirma erkor ihn zu seiner aktiven Zeit zur Werbefigur in Italien und verzichtete stattdessen auf das korsische Supermodel Laetitia Casta. Bei einer Umfrage unter Frauen hatte sich herausgestellt, dass Collina als Schiedsrichter über den größten Sexappeal verfügte.[126]

Seine Glatze hielt den Deutschen Fußballbund aber nicht davon ab, Collina einmal anlässlich eines Länderspiels ein passendes Geschenk zukommen zu lassen: einen Haarfön.[127]

An den kultigen Collina haben deutsche Mannschaften eher schlechte Erinnerungen. Der Italiener pfiff die deutsche Niederlage 2002 im WM-Endspiel gegen Brasilien, das 1:5-Debakel der deutschen Nationalmanschaft 2001 gegen England in München, und er war auch der Referee beim 1:2 der Münchner Bayern gegen Manchester United, dem sensationellen Champions-League-Finale 1999.

Connery, Sir Sean (25.08.1930-): Was haben einer der größten Kinostars der Welt und der Bundesligaverein Bayer Leverkusen gemeinsam? Am Tag vor dem Champions-League-Finale in Glasgow 2002 näherten sich die beiden Welten an: Connery war einer der Ehrengäste bei einem Bankett aus Anlass des großen Finals: Nach einer arroganten Rede des Real Madrid-Bosses Pérez antwortete der Sportbeauftragte der Bayer AG, Meinolf Sprink, auf seine Weise: Er sprach von Bayer Leverkusen als dem „großen Underdog" und dem „großen Traum"[128], der mit dem Erreichen des Endspiels in Erfüllung gegangen sei.

Sprinks Tischnachbar Sir Sean Connery kommentierte die Rede mit zwei Worten „Very remarkable!"[129] (Sehr bemerkenswert) Connery unterstützt seit Jahren die schottischen Unabhängigkeitsbestrebungen gegen London und wuchs in kleinen Verhältnissen in Schottlands Hauptstadt Edinburgh auf.

Couto, Fernando Manuel Silva (02.08.1969-): Der portugiesische Abwehrspieler gewann 1999 mit Lazio Rom in einer Mannschaft mit →Pavel Nedved den letzten Europapokal der Pokalsieger. Couto überraschte bei der Siegerehrung nach dem 2:1 gegen Real Mallorca vor allem, dass für ihn keine Siegermedaille mehr übrig war. UEFA-Präsident Lennart Johannsson rettete die peinliche Situation blitzartig, indem er Couto den Europapokal in die Hände drückte, der eigentlich Kapitän Alessandro Nesta als Erstem zugestanden hätte.[130]

Cruyff, Hendrik Johannes „Johan" (25.04.1947-): Die Mutter des bedeutendsten niederländischen Fußballers aller Zeiten arbeitete als Putzfrau bei Ajax Amsterdam. Der spätere Spielmacher der Nationalmannschaft wurde von Trainer →Rinus Michels als Spieler entdeckt und spielte von 1964 bis 1973 in seiner Heimatstadt bei Ajax. Mit dem Verein gewann er zwischen 1971 und 1973 drei Mal den Europapokal der Landesmeister.

Cruyff, Jordi (09.02.1974-): Söhne berühmter Väter haben es auch im Fußball schwer. Jordi Cruyff spielte unter seinem Vater Johan beim FC Barcelona. Trainer → Guus Hiddink soll 1996 Jordi nur zur EM mitgenommen haben, um die Kritik des Vaters an der Nationalelf verstummen zu lassen. Der Spiegel lästerte, es ist „Jordi (...) wohl der erste Holländer, den allein sein Nachname zum Nationalspieler machte."[131]

Jordi schoss beim Spiel gegen die Schweiz (2:0) das 1:0 für seine Mannschaft. Seinen Vater verehren die Katalanen, weil er mit dem FC Barcelona große Erfolge feiern konnte, aber auch, weil er den Sohn nach dem Nationalheiligen Kataloniens „Jordi“ nannte.[132]

Davids, Edgar (13.03.1973-): Der in Suriname geborene Niederländer, der bei Fußballspielen eine Schutzbrille trägt, sorgte bei der Fußball-EM 1996 in England für einen Eklat. Er beleidigte seinen Trainer →Guus Hiddink und wurde nach Hause geschickt. Davids hatte geschimpft: „Der Trainer sollte den Kopf aus dem A… einiger Spieler ziehen.“[133] Hiddink sollte Davids Meinung nach die Weißen im Team übervorteilt haben. Davids Nationalmannschaftskollege Youri Mulder von Schalke 04 bestätigte 1996, dass es Konflikte innerhalb der Mannschaft gegeben habe. So hätten die Dunkelhäutigen aus dem Team an ihrem Tisch nur surinamisch gesprochen: „Begonnen hat alles im Vorfeld. (Clarence) Seedorf und seine Freunde haben sich vorgenommen: Wir sorgen dafür, dass es nach der EM

heißt, die Dunkelhäutigen aus Surinam haben Holland den Titel gebracht. Damit haben sie sich aufgeputscht. Allerdings nur sich selbst, an das Team haben sie nicht gedacht. Sie haben sich isoliert."[134]

Schon zu Beginn seiner Karriere war Davids durch ungestümes Verhalten aufgefallen. Sein Trainer bei Ajax Amsterdam, Louis van Gaal, fand aber einen Draht zu ihm: Er war vor der Trainerkarriere Lehrer für schwer erziehbare Kinder gewesen.[135] Mit Ajax gewann Davids 1995 die Champions League und den Weltpokal.

Im Jahr 2001 wurde Davids als Spieler von Juventus Turin als einer der wenigen im Fußball ertappten Dopingsünder wegen der Einnahme von Nandrolon für mehrere Monate gesperrt.

Deco, eigentlich Anderson Luiz de Souza (27.08.1977-): Der gebürtige Brasilianer gab sein Debüt im Trikot der portugiesischen Fußballnationalmannschaft im März 2003. Portugal gewann 2:1 gegen sein Heimatland Brasilien. Es war der erste Sieg der ehemaligen Kolonialmacht über die frühere Kolonie seit 1966. Mit dem FC Porto gewann Deco 2004 die Champions League.

Dellas, Traianos (31.01.1976-): Der griechische Abwehrspieler erzielte im Halbfinale der Fußball-EM 2004 das erste und einzige „silver goal" der Fußballgeschichte. In der 105. Minute traf er gegen Tschechien in der Nachspielzeit der ersten Verlängerung, nach der die Begegnung beendet wurde: Griechenland erreichte so das Endspiel.

Deschamps, Didier (15.10.1968-): Der Franzose ist als Spieler (Kapitän des Weltmeisters 1998) zwar sehr erfolgreich gewesen, er war aber nicht in jeder Situation Herr der Lage. Als Deschamps bei Juventus Turin spielte, war Marcello Lippi, Italiens Weltmeistertrainer von 2006, für die Mannschaft verantwortlich. Und als Lippi etwas im Spiel des Franzosen nicht passte, scheuerte er ihm eine.[136]

Die **Dörfels** bildeten beim Hamburger SV so etwas wie eine Fußball-Dynastie. In der Hansestadt selbst wurde auch gerne mal vom „Dörfel-Dreierpack"[137] gesprochen, wenn von Friedo Dörfel (19.02.1915-08.11.1980) und seinen Söhnen Gert „Charly" (18.09.1939-) und Bernd (18.12.1944-) die Rede war. Zusammen brachte es das Trio auch auf 28 Länderspiele und schoss dabei zehn Tore.[138] Friedos Bruder Richard (23.11.1911-27.04.1965) war ebenfalls auf dem Sprung in die DFB-Auswahl. Nach Angaben seiner Tochter Rita Stender wurde ihm jedoch ein Einsatz verwehrt, da er sich während der Zeit des Nationalsozialismus geweigert hatte, beim Abspielen der Nationalhymne den „Deutschen Gruß" zu zeigen.[139]

Bernd und Charly Dörfel bildeten in den sechziger Jahren beim HSV eine erfolgreiche Flügelzange – wenn auch manchmal zum Leidwesen von Mittelstürmer →Uwe Seeler. „Wenn ich gemeinsam mit meinem Bruder Bernd spielte – er auf Rechts- und ich auf Linksaußen –, schossen wir uns die Bälle hin und her. Wir perfektionierten den Seitenwechsel. Außerdem wollte ich Bernd gerne in Szene setzen. Doch Uwe schrie meistens: `Dann kann ich ja auch nach Hause gehen.` Ich antwortete umgehend: `Dicker, die nächste Flanke schieße ich drei Zentimeter höher, dann renkst du dir den Hals aus.`"[140] Dennoch verbindet Charly Dörfel mit Seeler bis heute eine enge Freundschaft.

1965 kürte die französische Sporttageszeitung „L`Equipe" Charly Dörfel zum besten Linksaußen Europas. Legendär sind seine Späße und Scherze, mit denen er manchen Funktionär zur Weißglut brachte: So verteilte Dörfel während eines Spiels Bonbons ans Publikum und parodierte am Ost-Berliner Flughafen den DDR-Parteichef Walter Ulbricht auf Sächsisch vor dessen Bildnis – und zwar als Volkspolizisten daneben standen. Die Bundestrainer →Sepp Herberger und Helmut Schön kamen mit Dörfels Art gar nicht zurecht. Und so brachte es der Norddeutsche trotz seines Talents letztlich nur auf elf Länderspiele. Kurz nachdem Dörfel zur Nationalmannschaft nicht mehr eingeladen wurde, rief Schön einmal in der HSV-Geschäftsstelle an. Dörfel war zufällig am Telefon, als der Bundestrainer den Hamburger Coach verlangte. Charly antwortete ihm laut „11Freunde" kühl: „Beim nächsten Ton ist es 17:25 Uhr, tut, tuuuut."

Auch Schiedsrichter konnten vor Dörfels Sinn für Humor nicht sicher sein: Edgar Deuschel, der 1963 den „Boss" →Helmut Rahn als ersten Bundesligaspieler in der Geschichte des Feldes verwiesen hatte, wollte einst auch Charly Dörfel vom Platz stellen. Schiri Deuschel fragte aus diesem Grund nach dem Namen des Übeltäters, dieser antwortete einfach „Neumann".[141] Deuschel blieb ganz cool: „Neumann steht nicht auf dem Spielberichtsbogen. Dann gehen Sie mal zum Duschen, Herr Neumann."[142]

Dörfel war nicht nur der erste Toupet-Träger der Bundesliga[143] – seine einstige Haarpracht ist heute im HSV-Museum zu bewundern[144] – er machte 1965 mit „Das kann ich dir nicht verzeih'n" auch einen Abstecher ins Schlagermilieu.[145] Die Musik ist bis heute sein großes Hobby. In seinem Partykeller in Meckelfeld bei Hamburg hat Dörfel mehr als 20.000 Schallplatten und 600 CD's.[146]

Donadoni, Roberto (09.09.1963-) entdeckte während seiner Zeit als italienischer Nationaltrainer Parallelen zum Stellvertreter Gottes auf Erden. Er verglich sein Leben mit dem Benedikts XVI. Jener war dem großen Johannes Paul II., er dem Weltmeistertrainer Marcello Lippi im Amt gefolgt. Im November 2007 sagte Donadoni in der katholischen Online-Zeitung Petrus: „Für mich wie den Papst hat es ständig Vergleiche mit unseren Vorgängern gegeben, doch ich merke, dass die Leute uns jetzt kennen gelernt haben."[147]

Im gleichen Interview lobte Donadoni die Führungsqualitäten Benedikts: „Er ist fest und rigoros wie jeder gute Trainer" und bewarb sich schon mal um den Posten des Cheftrainers, falls der Vatikan je eine eigene Nationalmannschaft gründen würde.[148]

Seine Gläubigkeit half Donadoni während der Europameisterschaft 2008 nicht: Mit Italien scheiterte er im Turnier frühzeitig, der Trainer musste gehen, und sein Vorgänger wurde sein Nachfolger: Marcello Lippi.

Drogba, Didier (11.03.1978-): Dem Nationalspieler von der Elfenbeinküste brannten Mitte November 2008 die Sicherungen durch. Er hatte in einem Ligapokalspiel für seinen FC Chelsea gerade das 1:0 erzielt. Seine Mitspieler und er feierten die Führung gegen den Zweitligisten FC Burnley vor der Gästetribüne, als aus dieser Ecke jede Menge Gegenstände in Richtung Platz gefeuert wurden. Drogba hob eine Münze wutentbrannt auf und warf sie in den Burnley-Fanblock zurück. Außerdem machte er in Richtung der Fans den „Effenberg": er zeigte seinen Mittelfinger. [149] Der Chelsea-Spieler entschuldigte sich zwar für die Aktionen und sagte, dass es ihm leid täte, wenn dadurch jemand verletzt worden ist, er wurde aber trotzdem für drei Begegnungen der Premier League gesperrt.[150] Und auch das Ligapokalspiel hatten die „Blues"

am Ende nach Elfmeterschießen mit 4:5 verloren, laut „Daily Mail“ „eine der größten Überraschungen in der 101-jährigen Geschichte dieses Wettbewerbs“.[151]

Ducke, Peter (14.10.1941-) spielte für Motor Jena (ab 1966 Carl Zeiss Jena) in der DDR-Oberliga und wurde mit der Mannschaft jeweils drei Mal Meister und Pokalsieger. Der Stürmer gilt laut dem Fußballmagazin „11Freunde“ als der „beste Spieler, den die DDR je hervorgebracht hat.“[152] Ducke spielte 68 Mal für die DDR und gewann mit der Mannschaft in München 1972 die olympische Bronzemedaille. Wegen seiner Ausnahmestellung auf dem Platz und der Erfolge spielte Ducke eine Sonderrolle. Seinem Trainer →Georg Buschner, der ihn zu dem Klassespieler werden ließ, schleuderte er einmal ein „Du hast mir gar nichts zu sagen“ entgegen.[153] Der Trainer ließ ihn deshalb Sonderschichten machen, behielt ihn aber in der Mannschaft. Oder Ducke schwänzte auch mal das Training, weil er lieber mit seinem Sohn einen Schulausflug mitmachte. Die Lehrerin hatte ihm gefallen.[154]

Auch →Hans Meyer hat Ducke trainiert, ihn als „Weltstar“[155] bezeichnet und ihm damit ein bleibendes Denkmal gesetzt.

Effenberg, Stefan „Effe“ (02.08.1968-) und der Däne Brian Laudrup (22.02.1969-) waren beste Freunde. Sie spielten zusammen bei Bayern München und wechselten nach der Europameisterschaft 1992 gemeinsam zum AC Florenz. Vor dem Finale Deutschland gegen Dänemark sagte „Effe“: „Wenn er eine Frau wäre, würde ich ihn heiraten.“[156]

Egli, André (08.05.1958-): Der ehemalige schweizerische Fußballprofi (u. a. bei Borussia Dortmund) arbeitete nach seiner aktiven Karriere als Trainer. Ihn verschlug es dabei 2008 nach Nordkorea, wo er im Auftrag des Weltverbandes FIFA Trainer und Spieler weiterbildete. In dem von der Außenwelt abgeschotteten Land erlebte er manche Besonderheit, wie er dem „Spiegel" erzählte: „Ich durfte abends nicht aus dem Hotel, jeden Spaziergang musste ich einen Tag vorher anmelden. Daher bin ich oft in den Wellness-Bereich gegangen, Sauna, Massage. Einmal saß ich im Kaltwasserbecken, da hat ein Koreaner direkt neben mir in den Wasserabfluss gepinkelt."[157]

Eilts, Dieter (13.12.1964-): Der Bremer war 1996 der große Abwehrrückhalt des Fußball-Europameisters Deutschland. Der „eiserne Damm", wie ihn die „Gazzetta dello Sport" feierte, wurde deshalb durch die UEFA neben →Matthias Sammer in die Allstarelf des Turniers gewählt.[158] Obwohl aus dem hohen Norden stammend und oft nicht auf den ersten Blick ersichtlich, attestierte Spaßvogel →Mehmet Scholl seinem meisterlich Skat spielenden Kollegen damals einen sensationellen Sinn fürs Ulkige: „Dieter hat einen supercoolen Humor. Der sitzt immer ganz ruhig da, und dann haut er plötzlich einen Spruch raus, versteckt aus dem Hinterhalt, und dann liegen alle unter dem Tisch. Richtig trocken. Dieter ist einfach der Größte."[159]

Trainer →Berti Vogts fügte hinzu, dass Eilts im internen Mannschaftskreis auch auf den Tisch hauen würde, wenn es angebracht sei.[160]

Eisenträger, Alois (16.07.1927-): Der Hamburger war der erste Deutsche, der als Profi in England spielte. Eisenträger kam als 17-jähriger Kriegsgefangener auf die Insel. Nachdem er in einer Saison 38 Tore für den Amateurklub Trowbridge Town geschossen hatte, verpflichtete ihn 1949 Drittligist Bristol City.[161]

Somit kam Eisenträger Bernd „Bert" Trautmann zuvor. Trautmann war ebenfalls als Kriegsgefangener nach England gekommen und hätte sogar fast mit Eisenträger in Bristol gespielt. Da das Team jedoch schon 45 Spieler hatte, darunter drei Torhüter, bekam er keinen Vertrag und unterschrieb letztlich im Oktober 1949 einen Kontrakt bei Manchester City, wo er „Fußballer des Jahres" wurde und bis heute ein Idol ist.[162]

Obwohl nicht so erfolgreich wie Trautmann avancierte Eisenträger trotz seiner Wehrmachtsvergangenheit in den Heimspielen von Bristol City schnell zum Publikumsliebling. In seinen neun Jahren absolvierte der Stürmer 246 Spiele, schoss 57 Tore und hatte 1955 maßgeblichen Anteil am Zweitliga-Aufstieg des Klubs.[163]

Elizabeth II. (21.04.1926-): Ein Geheimnis wurde über Jahrzehnte so gehütet wie die Kronjuwelen im Londoner Tower. Für welche Mannschaft brennt das Herz der britischen Monarchin? Im April 2007 wurde bekannt, dass es ein Londoner Klub ist: der FC Arsenal.

Der Nationalmannschaftstorwart **Enke, Robert** (24.08.1977-) machte 2003 bei seinem neuen Verein Fenerbahce Istanbul nur ein Spiel. Er fühlte sich in der Türkei nicht wohl und wurde bei seinem einzigen Spiel, das er 0:3 verlor, von den eigenen Fans mit Flaschen und Feuerzeugen beworfen. Enke kündigte bei dem Klub, den damals Christoph Daum trainierte. Er war zuvor beim FC Barcelona ausgemustert worden und ging nun freiwillig für ein halbes Jahr in die Arbeitslosigkeit. Danach heuerte er Anfang 2004 in der zweiten spanischen Liga in Teneriffa an, das er im Sommer des Jahres in Richtung Hannover 96 verließ.

Mit 23 Jahren war Enke unter Trainer →Jupp Heynckes Kapitän bei Benfica Lissabon gewesen und dann als zweiter Deutscher nach Bernd Schuster zum FC Barcelona gegangen.[164]

Eriksson, Sven-Göran (05.02.1948-) wurde auf seinen Trainerstationen über Jahre von seinem schwedischen Landsmann und Berater/Assistenten Tord Grip begleitet. Grip war selbst einst Trainer von Eriksson in der zweiten schwedischen Liga gewesen, wo er sich laut „Süddeutsche Zeitung“ zu den Spielkünsten des Verteidigers eher zurückhaltend äußerte: „Werde Trainer. (…) Denn als Spieler bist du zu schlecht, das wird nie was.“[165]

Fahrian, Wolfgang (31.05.1941-): Es kann immer nur einer spielen: Im Tor der deutschen Fußball-Nationalmannschaft durfte bei der WM 1962 auf einmal Wolfgang Fahrian für den Routinier Hans Tilkowski ran. Tilkowski war sauer, schloss sich ein und zertrümmerte die Einrichtung des Zimmers im Trainingslager.[166] Vier Jahre später konnte sich Tilkowski wieder ärgern, weil er gegen das Wembleytor 1966 im Finale nichts ausrichten konnte.

Christof Kneer schrieb: „Wolfgang Fahrian hat die bizarrste Torwartkarriere gemacht, die man sich denken kann. Mit 19 Jahren hat er sich zum ersten Mal in einem offiziellen Spiel in ein Tor gestellt; mit 21 Jahren war er Stammtorwart bei einer Fußball-Weltmeisterschaft."[167] Das erste Spiel der WM 1962 fand gegen Italien (0:0) am 31. Mai statt, dem 21. Geburtstag Fahrians. Die WM endete für Deutschland zwar schon im Viertelfinale, aber Fahrian wurde am Ende in die Weltauswahl gewählt.[168]

Zwei Jahre später und nach insgesamt zehn Länderspielen ging Fahrians Nationalmannschaftskarriere wieder zu Ende. Mit seinem Verein Hertha BSV war er 1965 in den Bundesligaskandal verstrickt und wurde für ein halbes Jahr gesperrt, weil er bei seinem Wechsel von Ulm nach Berlin das nach dem DFB-Reglement viel zu hohe Handgeld von 75.000 D-Mark kassiert hatte. Erlaubt waren 10.000 D-Mark.[169]

Aus **Fandel, Herbert** (09.03.1964-), einem der deutschen Topschiedsrichter, hätte auch einer der besten professionellen Pianisten werden können. Fandel studierte am Mozarteum Salzburg und gehörte dabei als 17jähriger zu den wenigen Studenten der Schule, die an den Salzburger Festspielen teilnehmen durften. Anschließend kam einer der berühmtesten Musikprofessoren der Welt in Fandels Garderobe, um ihm anzubieten, ihn sofort unter seine Fittiche zu nehmen. Sein Kommilitone Alfredo Perl aus Chile gilt heute als einer der besten Klaviervirtuosen, Fandel besiegte ihn einst beim Mendelssohn-Wettbewerb.[170]

Fandel erzählte diese Geschichte der „Süddeutschen Zeitung": Mitte der achtziger Jahre sah Fandels Musikprofessor seinen Studenten erstmals im Fernsehen, als er Linienrichter beim DFB-Pokalspiel FSV Salmrohr gegen Borussia Dortmund war. Der Professor fragte ihn daraufhin mit gerümpfter Nase, ob es sein könne, dass er ihn im Fernsehen gesehen habe. Fandel antwortete: „Kann es sein, dass Sie Fußball geguckt haben?"

Ferguson, Sir Alexander „Alex" Chapman (31.12.1941-): Es gibt Tage, an denen können die Spieler von Manchester United ihren Fön getrost im Spind lassen. Dann nämlich, wenn ihr Trainer Alex Ferguson wütend ist und einen Spieler abkanzelt. Dazu baut er sich vor dem Profi auf, wird rot und brüllt los – und zwar durchaus in Orkanstärke. Die United-Spieler sprechen deshalb vom „Haartrockner".[171] Widerspruch ist zwecklos, das mussten selbst Leistungsträger wie Jaap Stam, →David Beckham oder Ruud van Nistelrooy schon erfahren. Trotz diverser Fön-Vorstellungen ist Ferguson seit 1986 bei ManU im Amt und hat den Klub seitdem zur erfolgreichsten Mannschaft der Premier-League gemacht. Der Schotte hatte nicht nur ein Gespür für Talente wie →Ryan Giggs, →David Beckham, Paul Scholes und Gary Neville. Ihm wird auch ein großartiges Gedächtnis nachgesagt. So schrieb Christian Eichler in der FAZ, dass Ferguson nicht nur Spieler und Spielzüge kenne, sondern auch „die Namen der Eltern von Jugendspielern oder die Daten, an denen Profis die Sperrstunde überzogen haben."[172] Fergusons Trainerkollege Neil Warnock erzählt gerne folgende Geschichte: „Einmal rief ich ihn an und fragte ihn nach ein paar Spielern. Er nannte mir von jedem die Stärken und Schwächen. Ich legte auf und sagte: Wetten, er kennt sogar den Platzwart von Dunfermline? Also rief ich nochmal an. (...) Und, bei Gott, er wusste den Namen und Geburtsort."[173]

Der Portugiese **Figo, Luis Felipe Madeira Caeiro** (04.11.1972-) sicherte der Nationalmannschaft am 30.6.2004 mit seinem bis dahin besten EM-Spiel den Einzug ins Endspiel. Es war auf den Tag genau 13 Jahre her, als die „goldene Generation" Portugals, der Figo angehörte, in Lissabon U20-Weltmeister gegen Brasilien geworden war. Sein Nationaltrainer →Luiz Felipe Scolari war genau zwei Jahre zuvor (30.6.2002) mit Brasilien Fußball-Weltmeister gegen Deutschland geworden.[174]

Vier Tage später jubelten nach ihrem 1:0-Finalsieg nur noch die Griechen, und Portugal weinte. In der 86. Minute des Endspiels von Lissabon lief ein Chaot aus Irland auf den Platz und bewarf Luis Figo vor den Augen der Welt mit einem Barcelona-Handtuch. Im Jahr 2000 war der Portugiese von den Katalanen zu Real Madrid gewechselt, was für großen Aufruhr bei den Barcelona-Fans gesorgt hatte.[175]

Sein Innerstes nach Außen gekehrt haben soll Figo im Mai 2008. Italienische Tierschützer protestierten mit Bannern am Trainingsgelände von Inter Mailand, weil der portugiesische Spieler angeblich in voller Absicht eine schwarze Katze überfahren haben soll. Die Katze war in der Nähe der Trainingsplätze unterwegs gewesen. Figo war nach Berichten der italienischen Nachrichtenagentur „Ansa" und der Zeitung „Libero" der Meinung, dass die Katze seiner Mannschaft Unglück bringt.[176] Der Spieler selbst drohte der Zeitung eine Klage an und dementierte das absichtliche Überfahren des Tieres.[177] Inter wurde in der Saison 2007/08 trotzdem Meister.

Fowler, Robert Bernard „Robbie" (09.04.1975-): Das Verhältnis zwischen Mieter und Vermieter ist ja mitunter nicht das Beste. Beim ehemaligen englischen Nationalspieler Robbie Fowler ist das anders – er wurde von seinen Hausbewohnern sogar besungen. Als Fowler einst bei Manchester City spielte, skandierten dessen Fans gerne zur berühmten „Yellow-Submarine“-Melodie: „We all live in a Robbie Fowler House ...”[178] Fowler ist nämlich Besitzer von mehr als 100 Immobilien.

Seine erfolgreichste Zeit hatte er beim FC Liverpool, mit dem er 2001 den UEFA-Cup gewann. Im Trikot der Reds gelang ihm auch der schnellste Hattrick in der Geschichte der Premier League. Am 28. August 1994 erzielte Fowler beim 3:0-Sieg gegen Arsenal London in vier Minuten und 32 Sekunden alle drei Tore.[179]

Schlagzeilen machte er auch im April 1999 im Derby zwischen Liverpool und dem Stadtrivalen FC Everton. Nachdem Boulevard-Zeitungen zuvor über einen angeblichen Kokainkonsum Fowlers berichtet hatten, wurde der Stürmer von den Everton-Fans verhöhnt. Als Fowler dann einen Elfmeter verwandelte, kniete er sich an der Grundlinie neben dem Tor hin und tat so, als würde er Kokain schniefen.[180] Der englische Fußballverband reagierte daraufhin verschnupft und sperrte ihn für sechs Spiele.

Als die **Frauen-Fußball-Nationalmannschaft der USA** 1991 in China die erste Weltmeisterschaft gewann, war das Team voller Hoffnung, in seiner Heimat durch den Titel einen Fußball-Boom entfachen zu können. „Wir waren uns sicher, es wird einen riesigen Empfang geben und die Leute in Amerika werden uns und unseren Sport beachten“, sagte Nationalspielerin Julie Foudy.[181] Als die Spielerinnen schließlich nach ihrem 52-stündigen Rückflug auf dem John-F.-Kennedy-Flughafen in New York landeten, warteten dort drei Leute auf die Weltmeisterinnen.[182]

1999 hatte der Frauenfußball den ersehnten Durchbruch geschafft. Die WM im eigenen Land wurde ein großer Erfolg. Im Finale besiegten die USA China in Los Angeles im Elfmeterschießen. „Auf den Rängen standen etliche männliche Fans mit nacktem Oberkörper und unseren Namen auf der Brust“[183], erinnert sich Mia Hamm. Die Stürmerin war in den 90er Jahren der große weibliche Fußballstar in Amerika. Als sie jedoch 1987 im Alter von 15 Jahren erstmals zu einem Lehrgang der US-Auswahl eingeladen wurde, war sie überrascht. Denn Hamm wusste bis dahin gar nicht, dass es eine Nationalmannschaft gab.[184]

Friedenreich, Arthur (18.07.1892-06.09.1969): Die besten Fußballer der Welt mögen →Pele, →Franz Beckenbauer, →Diego Armando Maradona oder auch →Zinedine Zidane gewesen sein. Der erste große Star war jedoch der Brasilianer Arthur Friedenreich. Und laut FIFA-Statistiken ist der Sohn des aus Hamburg emigrierten Ingenieurs Oscar Friedenreich und einer farbigen Waschfrau mit 1329 Treffern in 1239 Spielen bis heute sogar der erfolgreichste Torschütze der Fußball-Geschichte.[185]

Friedenreich erfuhr zunächst in Brasilien alle Repressalien, die den Farbigen Anfang des 20. Jahrhunderts entgegengebracht wurden. So war dem Mulatten unter anderem die Mitgliedschaft in einem Fußballklub verboten. Erst aufgrund einer Satzungsänderung beim von deutschen Einwanderern in Sao Paulo gegründeten Verein SC Germania erhielt er 1909 eine Spielberechtigung.[186] Dennoch sah er sich rassistischen Äußerungen von Zuschauern, Mit- und Gegenspielern und sogar Schiedsrichtern ausgesetzt. Als Reaktion darauf glättete Friedenreich vor den Spielen sein krauses Haar mit Pomade und rieb seine Haut mit Reismehl ein.[187] Trotz Anfeindungen und teilweise übler Fouls war er auf dem Spielfeld nicht zu stoppen. Seine Körpertäuschungen galten als Revolution. Nie zuvor hatte sich bis dato jemand mit dem Ball am Fuß so elegant und schnell um die eigene Achse gedreht wie Friedenreich. Angeblich hatte er die Finte 1910 erlernt, als er mit dem Ball am Fuß auf der Straße durch die gleiche Bewegung einem plötzlich heranfahrenden Auto auswich.[188] Der Dichter Eduardo Galeano bezeichnete Friedenreich als „Begründer der heutzutage hoch geschätzten brasilianischen Art des Spiels"[189] und lobte dessen Kreativität und Spielwitz als „frech-vergnügte Unbotmäßigkeit des kaffeebraunen Jungen."[190]

Friedenreich ging nicht nur als erster Dribbelkönig in die Fußballgeschichte ein, sondern gilt auch als Erfinder des so genannten „Effet-Schusses". Ab 1914 spielte er in der gerade gegründeten brasilianischen Nationalmannschaft, für die er fünf Jahre später sein wichtigstes Tor erzielte. Im Finale der Copa America gelang ihm gegen Erzrivale Uruguay in der 150. Minute (Spiele wurden damals bei Remis um vier mal 15 Minuten verlängert) das entscheidende 1:0 zum ersten Titelgewinn der „Selecao".[191] In seiner Heimat hieß Friedenreich fortan „Pe de Ouro" (Goldfuß)[192], in Paris wird er zum „Roi du Football" (König des Fußballs) gekürt.[193]

Dass sein Name in Europa in Vergessenheit geraten ist, liegt vor allem daran, dass Arthur Friedenreich nie an einer Weltmeisterschaft teilgenommen hat. Bei der Premiere 1930 in Uruguay wurde kein Spieler aus Sao Paulo in die Nationalmannschaft berufen, da es Unstimmigkeiten mit dem brasilianischen Verband gab.[194] Bei der WM 1934 in Italien war Friedenreich mit 42 Jahren bereits zu alt.

Frings, Torsten (22.11.1976-): Wenn beim Fußball die Rede von der „Hand Gottes" ist, denken die meisten Fans an das legendäre Kopf/Hand-Tor von →Diego Maradona gegen England bei der WM 1986. Aber auch beim deutschen Verteidiger Frings spielte die Hand bereits eine wesentliche Rolle. Während der WM 2002 im Viertelfinale gegen die USA sprang der Ball Frings vor der Torlinie an die Hand und verhinderte so ein

Tor der US-Amerikaner. Der Schiedsrichter gab keinen Elfmeter.

Mit der Motivation hat Torsten Frings meist keine Probleme, wie 2002 auch der damalige deutsche Torwarttrainer Sepp Maier in der „Süddeutschen Zeitung" feststellte: „Der Dings, der Torsten Frings, den musst nach dem Spiel mit dem Lasso einfangen, da will der immer noch laufen."[195]

Fritz, Clemens (07.12.1980-) lieferte bei der EM 2008 den Beweis, wie intensiv ein Spieler während des Spiels wirklich den Trainer wahrnimmt. Er bemerkte erst in der Halbzeitpause bei Österreich-Deutschland (0:1), dass Trainer →Joachim Löw vom Schiedsrichter auf die Tribüne geschickt worden war und das auch nur, weil Assistent Hansi Flick ab da die Anweisungen in der Kabine gab.[196]

Fuchs, Gottfried (03.05.1889-25.02.1972): Seine große Stunde schlug am 1. Juli 1912. Deutschland besiegte bei den Olympischen Spielen in Stockholm Russland mit 16:0 und Gottfried Fuchs traf zehn Mal – beides sind bis heute DFB-Rekorde. Doch lange Zeit verschwand Fuchs' Name aus der Rekordliste. Denn wie sein Mitspieler Julius Hirsch war er Jude. Zwar bildeten beide beim Karlsruher FV ein kongeniales Sturmduo, schossen den Verein 1910 zur Deutschen Meisterschaft und stürmten auch zusammen erfolgreich in der Nationalmannschaft. Dennoch ließ der DFB während der Zeit des Nationalsozialismus ihre Namen aus allen Statistiken streichen.[197] 1937 flüchtete Fuchs, den der ehemalige Bundestrainer →Sepp Herberger „mein Idol"[198] nannte, nach Kanada, wo er als Godfrey Fochs lebte.[199] In sechs Länderspielen erzielte Fuchs 14 Tore. Seine Trefferquote von 2,33 Toren pro Spiel ist bis heute unerreicht.

Futre, Paulo, eigentlich Jorge Paulo dos Santos Futre (28.2.1966-): Der Stürmer, der 1987 mit dem FC Porto gegen den FC Bayern das Europapokalfinale der Landesmeister gewann, hat sich seine Karriere clever erschlichen. Als Achtjähriger schnappte er sich einfach den Spielerpass eines Älteren, um bei einem Fußballturnier für Zehnjährige starten zu können: Der Einsatz lohnte sich, weil Futre vom Talentespäher Aurèlio Pereira für Sporting Lissabon entdeckt wurde. Pereira schob später unter anderem auch die Karrieren von →Cristiano Ronaldo und →Luis Figo an.[200]

Galba, Karol (02.02.1921-): Der slowakische Linienrichter wird oft vergessen, wenn es um das Weltmeisterschaftsfinale 1966 zwischen England und Deutschland geht. Galba war der dritte Mann, erlangte jedoch nie die Berühmtheit seiner beiden Kollegen, Schiedsrichter Gottfried Dienst aus der Schweiz und Linienrichter Tofik Bachramow aus der Sowjetunion. Nachdem Englands Stürmer →Geoff Hurst in der 101. Minute das so genannte „Wembley-Tor“ erzielte, war sich Dienst unsicher, ob der Ball tatsächlich die Torlinie überschritten hatte. „The ball was behind the line?“ (War der Ball hinter der Linie?), fragte er Bachramow. „Yes, behind the line“ (Ja, hinter der Linie), antwortete dieser.[201]

Bachramow ist in seiner Heimat Aserbaidschan ein Held. Nach ihm wurde das Nationalstadion benannt. Vor dem Stadion hat ein Bachramow-Denkmal seinen Platz gefunden, das von Geoff Hurst enthüllt wurde.[202]

Das „Wembley-Tor“ ist für Schiedsrichter Gottfried Dienst über 40 Jahre nach dem Londoner Endspiel ein Rätsel geblieben: „Und wenn Sie mich nach 100 Jahren wieder ausgraben und ich komme neu auf die Welt, weiß ich immer noch nicht, ob der Ball drin war.“[203]

Gamper, Hans (22.11.1877-30.7.1930): Ausgerechnet der Schweizer Gamper war 1899 eines der maßgeblichen Gründungsmitglieder des legendären FC Barcelona. Bei den Katalanen amtierte Gamper in den ersten Jahren der Clubgeschichte auch mehrfach als Vereinspräsident. Zu Ehren Gampers wird jedes Jahr eine Trophäe seines Namens ausgespielt.

Garrincha, Mané, eigentlich Manoel Francisco dos Santos (28.10.1933-20.01.1983), der legendäre Rechtsaußen, verdankte seine Spielweise einer leichten Behinderung. Er kam mit verkrüppelten Beinen auf die Welt. Nach einer Operation war sein linkes O-Bein dann sechs Zentimeter kürzer als das rechte X-Bein.[204] So konnte er die Gegner reihenweise austanzen und den Dichter Eduardo Galeano zu einem Loblied über sich verleiten: „Wenn er spielte, wurde der Fußballplatz zur Zirkusmanege und der Ball zum gezähmten Tier.“[205]

Der Brasilianer wurde zwei Mal Fußball-Weltmeister (1958 und 1962).

Garrinchas Leben nahm nach der Fußballkarriere ein trauriges Ende: Der Vater von 14 Kindern (mit verschiedenen Frauen) trank zuviel Alkohol und musste von Sozialhilfe leben. Er starb 1983 in einer Entzugsklinik.

Gascoigne, Paul „Gazza" (27.05.1967-): Das Auf und Ab der Karriere des englischen Mittelfeldspielers fand 1998 einen der negativen Höhepunkte, als ihn Nationaltrainer Glen Hoddle wenige Tage vor WM-Start aus dem Trainingslager nach Hause schickte. Begründung: „Gazza" sei körperlich nicht fit genug. Wegen einer Zechtour des Fußballers kurz vor dem letzten WM-Trainingslager entschuldigte sich sogar Rod Stewart offiziell in einem offenen Brief. Der Popstar bedauerte darin, Gascoigne nicht vom Alkohol zurück gehalten zu haben.[206]

Zum vielschichtigen Bild des Paul Gascoigne, der mal als Spaßvogel (mit Rülpsern vor Mikrofonen[207]), aber auch als Trunkenbold Schlagzeilen machte, gehört auch die Antwort auf die Frage, was sein größter Wunsch sei? Er wolle einmal ein UFO sehen, so Gascoigne kurz vor der WM 1998.[208]

Treffend ist ein Ausspruch des legendären Besitzers von Juventus Turin, Gianni Agnelli, der Gascoigne als „Kampfhund mit dem Kindergesicht" bezeichnet hat.[209]

2009 erklärte der Engländer in einem Interview mit dem Fernsehsender „Sky News Television", er sei in seinem Leben aufgrund der Drogen- und Alkoholsucht drei Mal dem Tode nahe gewesen, als sein Herz mehrfach aussetzte.[210]

Ein weiteres Indiz dafür, wie schlimm es in den letzten Jahren um Gazza zwischenzeitlich stand, war, dass Ex-Boxprofi und Ohrenbeißer Mike Tyson aus den USA während einer Englandreise anbot, sich mit ihm zu treffen, um psychologische Ratschläge zu geben.[211]

Gattuso, Gennaro „Rino" (09.01.1978-): Der bärtige Calabrese in Reihen des AC Mailand hat nicht den besten Ruf. Er gilt als „Arbeitstier" oder „Kampfschwein", weil er nicht schön, dafür aber effektiv spielt. Doch das Raubein aus Kalabrien hat eine sanfte Seite: Ein Teil seines Gehalts fließt in soziale Projekte, vor allem in seiner Heimatregion Kalabrien, wo er unter anderem ein Fußballcamp betreibt.

Privat sieht er sich selbst als einen „schüchternen Menschen", wie er „Spiegel-Online" erzählte: „Es fällt mir schwer, zu sagen, was ich fühle oder denke, was ich für jemanden empfinde."[212]

Gaucci, Luciano (28.12.1939-) ist ein italienischer Unternehmer und Fußballpräsident. Er engagierte 1999 für seinen drittklassigen Profiklub Viterbese mit Carolina Morace die erste Trainerin im bezahlten Männerfußball Italiens, feuerte sie allerdings schon nach der ersten Niederlage in der Anfangsphase der Saison. Bei der Entlassung spielte auch eine Rolle, dass sich Morace gegenüber dem allmächtigen Präsidenten in sportlichen Dingen behaupten wollte und sich nicht nur als Figur zur Aufpolierung des Vereinsimages sah.[213]

Giggs, Ryan (29.11.1973-): Er hätte große Erfolge mit der Nationalmannschaft feiern können, aber er hat die falsche Nationalität: Giggs, der mit Manchester United 1999 die Champions League gewann, ist Waliser. Er war als Ryan Wilson mit 16 Jahren Kapitän der englischen Jugendnationalmannschaft gewesen. Kurze Zeit später nahm er statt „Wilson" den Namen seiner Mutter „Giggs" und ihre Nationalität an. Grund: Sein Vater schlug seine Mutter. Die Eltern trennten sich. Giggs begründete seine damalige Entscheidung: „Das war meine Art zu demonstrieren: Ich gehöre zu meiner Mutter."[214]

Im Trikot der walisischen Fußballnationalmannschaft konnte sich Ryan Giggs nie für ein großes Turnier qualifizieren. Dabei ist er einer „der besten Linksaußen in der Geschichte des Fußballs"[215], so Ronald Reng.

Glöckner, Rudolf „Rudi" (20.03.1929-25.01.1999): Der Schiedsrichter aus Markranstädt bei Leipzig ist bislang der einzige Deutsche, der bei einer Fußball-WM das Finale pfeifen durfte. Der DDR-Referee leitete 1970 das Endspiel Brasilien gegen Italien (4:1) im Aztekenstadion von Mexiko-City.

Glöckner war mit erst sechs Länderspieleinsätzen zur Weltmeisterschaft berufen worden. Sein Einsatz bei der Vorrundenpartie Uruguay-Italien (0:0) hatte den FIFA-Präsidenten Sir Stanley Rous beeindruckt. Für den Weltfußballverband FIFA war der Ostdeutsche als Finalschiedsrichter ein Kompromisskandidat, denn die Brasilianer hatten einen Europäer abgelehnt, Italien sprach sich gegen einen Schiri aus Südamerika aus. Brasiliens 4:1-Erfolg gegen Italien war erst Glöckners achtes Länderspiel.[216] Vor dem Finale hätte es noch fast einen Eklat gegeben. Neben den Fahnen der Endspielteilnehmer wurde als Ehrenbezeugung für den Schiedsrichter die deutsche Flagge aufgezogen, aus der Sicht Glöckners leider die bundesdeutsche. Nachdem ihm die Organisatoren versicherten, sie hätten keine DDR-Fahne, zog Glöckner sein eigenes Exemplar mit Hammer, Zirkel und Ährenkranz aus der Sporttasche. Der Skandal blieb aus.[217] Der Schiedsrichter war vor dem größten Spiel seiner Karriere trotzdem so nervös, dass ihm beim Abspielen der Nationalhymnen die Pfeife aus der Hand fiel.

→Markus Merk schaffte es 34 Jahre nach Rudi Glöckner als zweiter deutscher Schiedsrichter ins Finale eines großen Turniers: Der Referee aus Kaiserslautern war 2004 Augenzeuge des sensationellen EM-Sieges von Griechenland gegen Gastgeber Portugal.

Hach, Eugen (19.06.1960-): Wenn Hach zu seinen Trainerzeiten von den Spielern den so oft zitierten kämpferischen Einsatz verlangte, war das nicht nur eine Floskel. Den Beweis dafür trat er am 5. Mai 2000 an – damals als Coach von Alemannia Aachen. Im Zweitliga-Heimspiel gegen Energie Cottbus schnappte sich Hach Gästespieler Franklin Bittencourt in der achten Minute und würgte ihn.[218] Hach ließ erst locker, als ihn seine eigenen Spieler von Bittencourt wegrissen. Der Cottbuser zeigte anschließend seine Hämatome am Hals. Hach hingegen wurde vom Schiedsrichter auf die Tribüne geschickt und meinte nach der Partie lapidar: „Es geht um viel, da kracht's auch mal. Die Zeit des Ostbonus ist vorbei."[219] Der DFB sah die Angelegenheit nicht ganz so gelassen. Hach wurde für drei Monate gesperrt und musste 7700 Euro Strafe zahlen.[220]

Haller, Helmut (21.07.1939-): Der deutsche Fußballer, der bei der 2:4-Niederlage im WM-Finale 1966 gegen England das erste Tor geschossen hatte, schnappte sich nach dem legendären Endspiel im Wembleystadion den Ball. Mit ihm unter dem Arm empfing er auch die Glückwünsche von →Queen Elizabeth II. Erst 1996 gab Helmut Haller den Ball zurück – für ein Honorar von 180.000 Mark, das der „Daily Mirror", die Bahngesellschaft „Eurostar" und der Milliardär Richard Branson gemeinsam dafür gezahlt hatten.[221]

Nach englischen Fußballgesetzen hätte der Ball 1966 eigentlich →Geoff Hurst zugestanden, der in dem Finale drei Mal getroffen hatte. Doch nicht einmal Sir Geoff war sauer über „il biondo", wie der Italien-Legionär vom AC Bologna aufgrund seiner blonden Haare in seiner Wahlheimat genannt wurde: „Helmut war clever."[222]

Halvorsen, Asbjoern (03.12.1898-16.01.1955) und Otto „Tull" Harder (25.11.1892-04.03.1956) galten auf dem Fußballfeld als gute Freunde. Halvorsen, ein Norweger, war in den 20er Jahren der Mittelfeld-Regisseur beim Hamburger SV, während Harder vorne die Tore schoss. Zusammen wurden „Assi" und „Tull" 1923 und 1928 mit dem HSV Deutscher Meister. Nach dem Ende ihrer Karrieren gingen beide völlig unterschiedliche Wege. Halvorsen wurde zunächst Nationaltrainer Norwegens und gewann mit seinem Team 1936 bei den Olympischen Spielen in Berlin Bronze. Auf dem Weg dorthin hatte Norwegen völlig überraschend Deutschland mit 2:0 besiegt. Zeuge dieses Triumphes war unter den 50.000 Besuchern auch Adolf Hitler, der wegen der deutschen Niederlage wütend das Stadion verließ.[223] Als die Nationalsozialisten 1940 Norwegen besetzten, widersetzte sich Halvorsen, verweigerte jegliche Unterstützung und wurde deshalb von der Gestapo ins Konzentrationslager Natzweiler im Elsass gebracht.[224] Harder hingegen wurde zunächst Wachmann im KZ Sachsenhausen, gehörte später zur

Lagerverwaltung des KZ Neuengamme und übernahm 1944 als SS-Hauptscharführer das KZ Hannover-Ahlem.[225] Obwohl er nach dem Ende des Nationalsozialismus als Kriegsverbrecher zu 15 Jahren Zuchthaus verurteilt wurde, kam Harder bereits 1951 wieder frei.[226] Wie das Fußball-Magazin „11Freunde" schrieb, wurde Harder nach seiner Haftentlassung „auf den Schultern über den HSV-Platz am Rothenbaum getragen."[227] Später strich der HSV seinen Namen aus der Mitgliederliste.[228] Halvorsen überlebte zwar seine Jahre im KZ Natzweiler, wog 1945 bei seiner Entlassung im Zuge eines Gefangenenaustausches aber nur noch 40 Kilogramm und war an Lungenentzündung, Typhus und Rheuma erkrankt.[229] Er starb 1955 in Norwegen – vermutlich an den Spätfolgen des KZ.[230]

Hamann, Dietmar „Didi" (27.08.1973-) ist einer der Botschafter des deutschen Fußballs in der englischen Premier League. Bis 2006 spielte „Didi" auch in der Nationalmannschaft und ging in die Geschichte ein, weil er aus 30 Metern das letzte Tor im legendären alten Londoner Wembleystadion erzielte: beim 1:0 Deutschlands in der WM-Qualifikation gegen England am 7. Oktober 2000. Danach trat Englands Nationaltrainer Kevin Keegan zurück.

Höhepunkt von Hamanns siebenjähriger Zeit beim FC Liverpool war das legendäre Champions-League-Finale in Istanbul 2005 gegen den AC Mailand, das die Reds nach einem 0:3-Rückstand noch gewannen. Hamanns Einwechselung hatte die Wende im Spiel gebracht. Dabei spielte er mit einem angebrochenen Mittelfuß und traf sogar im Elfmeterschießen (3:2 für Liverpool).[231]

Hamann soll sich „nachhaltig artikulieren", wenn er körperlich attackiert wird, erzählt sein früherer Liverpooler Mannschaftskamerad Steven Gerrard. Der hatte ihn beim 1:0 Englands gegen Deutschland bei der EM 2000 gefoult: „Didi hat gequiekt wie ein Eichhörnchen."[232]

→Rudi Völler berichtete bei der WM 2002 in der „Süddeutschen Zeitung“ von Hamanns Ritual vor jedem Länderspiel. Beim Rausgehen rief er seinen Kollegen von hinten zu: „Ordnung halten!“[233]

Happel, Ernst (29.11.1925-14.11.1992): Der Dienstag war sein Einkaufstag. Da besorgte sich der österreicherische Star-Trainer seine Zigaretten, die er am Wochenende auf der Trainerbank rauchte und füllte auch die heimische Bar auf. Das ist seiner handgeschriebenen Einkaufsliste zu entnehmen, die im Museum des Hamburger SV ausliegt. „Dienstag, Sparmarkt: Whisky, Wodka, Zigaretten”.[234]

Unter Ernst Happel wurde der HSV 1982 und 1983 Deutscher Meister, 1987 Pokalsieger und 1983 Europapokalsieger der Landesmeister.

Hauge, Terje (05.10.1965-): Den eigenen Kindern den Job zu erklären, kann schwierig sein, zumal, wenn der Vater Fußballschiedsrichter ist.

Das musste der norwegische FIFA-Referee erfahren. Als sein fünfjähriger Sohn Papa erstmals in Aktion sah, meinte der nicht gerade begeistert: „Du bist gelaufen und gelaufen und hast nicht ein Mal den Ball gekriegt.“[235]

Helmer, Thomas (12.04.1965-): Der malträtierte Körper des Thomas Helmer war 1996 das Sinnbild für den Kampf und den Triumph der deutschen Fußballnationalmannschaft bei der EURO 1996 in England. Helmer beendete das Halbfinale gegen das Team des Gastgebers mit zwei bandagierten Knien, als er in der Verlängerung ausgewechselt wurde. Im Endspiel war er dann aber wieder dabei.[236]

Helmer überlebte mit seiner Lebensgefährtin den Tsunami in Südostasien, als er dort Weihnachten 2004 Urlaub machte.

Hendry, Colin (07.12.1965-): Der schottische Abwehrspieler forderte bei der Fußball-EM 1996 den europäischen Fußballverband UEFA auf, das Hände schütteln der Spieler vor den Partien abzuschaffen, um keine Zeit zu verschwenden: „Das ist nicht die ideale Vorbereitung auf einen ernsthaften Wettstreit, wenn ich meinem Gegenspieler die Hand drücken und ihm viel Glück wünschen muss. Wir sind Profis, da ist diese Friedensidee eine Heuchelei."[237]

Hennes VIII. (10.03.2007-:) Der Geißbock des 1. FC Köln ist das wohl bekannteste Maskottchen im deutschen Sport und seit dem 24. Juli 2008 der Glücksbringer des Bundesligisten.[238] Wie der Verein auf seiner Homepage mitteilt, bevorzugt Hennes VIII. „Baumrinde und trockenes Brot, klettert und balanciert gerne, ist kinderlieb und trägt sein Fell auf dem Rücken als Irokesen."[239]

Der Geißbock ist seit 1950 das Wappentier des 1. FC Köln und hat bei jedem Heimspiel seinen Stammplatz hinter dem Tor. Vereinspräsident Franz Kremer bekam damals von Carola Williams auf einer Karnevalssitzung einen Geißbock geschenkt. Die Zirkusdirektorin hatte das mutterlose Zicklein auf einer Auslandsreise entdeckt.[240]

Als das nervöse Tier umgehend Spielertrainer Hennes Weisweiler auf das Hemd pinkelte, war der Name schnell gefunden.[241] Hennes I. war fortan auf dem Wappen des 1. FC Köln zu finden und Namensgeber des Vereinsgeländes „Geißbockheim". Hennes II. hingegen wurde zeitlebens ein Desinteresse am Fußball nachgesagt.[242] Für reichlich Gesprächsstoff sorgte Hennes III. – sein plötzlicher Tod ist bis heute ominös und ungeklärt.[243] Hennes IV. ging derweil als erfolgreichstes Maskottchen in die Vereinsgeschichte ein. Er gewann 1978 mit dem FC das Double aus Meisterschaft und Pokal und saß beim anschließenden Autokorso durch die Stadt neben Trainer Hennes Weisweiler im Wagen.[244] Sein Erbe war für die Nachfolger Bürde und Belastung zugleich. Hennes VI. beispielsweise litt unter Krämpfen und musste eingeschläfert werden.[245] Hennes VII. erlebte in seiner Amtszeit von 1996 bis 2008 alle vier Abstiege und ein Novum mit. Aufgrund der Maul- und Klauenseuche durfte er 2001 nicht ins Stadion. Stattdessen verfolgte der Geißbock die Spiele auf einem Bildschirm in seinem Stall in Köln-Widdersdorf.[246] Die sportliche Achterbahnfahrt ging an ihm nicht spurlos vorbei: im Sommer 2008 ging Hennes VII. in Rente und wurde am 13. März 2009 aufgrund einer Arthrose-Erkrankung eingeschläfert. „Der Bock hat viel leiden müssen", meinte FC-Trainer Christoph Daum.[247]

Henry, Thierry „Titi“ (17.08.1977-): Selbst die größten Fußballer können es nicht immer allen recht machen. In der Jugend schoss er in einer Partie fünf Tore. Seinen Vater regte es trotzdem auf, weil Thierry auf dem Platz nicht geschwitzt hatte.[248]

Der Stürmer Henry wurde später als Spieler Welt (1998)- und Europameister (2000).

Herberger, Josef „Sepp“ (28.03.1897-28.04.1977) ließ zur besseren Konzentration seiner Spieler während der Fußball-WM 1958 weibliches durch männliches Zimmerpersonal austauschen, „in der vagen Hoffnung, Asketen könnten schneller rennen und kräftiger schießen“, wie Ludger Schulze in der „Süddeutschen Zeitung“ schrieb.[249] Für den Weltmeister 1954 war schon im Halbfinale Endstation.

Schon für die WM 1954 galt die Maßgabe des Trainers, dass die Spielerfrauen in einem separaten Hotel wohnen mussten. In der Freizeit war bei ihren Besuchen meist ein Dritter dabei[250], weil die Kameraden aus den Zweibettzimmern oft nicht ohne einander auskamen, erinnerte sich →Fritz Walter später: „Einige wurden unzertrennlich. (...) So konnte Horst Eckel kaum noch ohne Hans Schäfer auskommen. Selbst dann nicht, als Frau Schäfer eintraf und ihren Mann gern mal ein bisschen für sich gehabt hätte. Sie taufte den ständigen Begleiter ihrer Ehehälfte anzüglich den ‚Schatten'."[251]

Heynckes, Josef „Jupp" (09.05.1945-) wurde 1998 unmittelbar nach seinem größten Erfolg als Trainer entlassen. Er hatte gerade mit Real Madrid die Champions League gewonnen (1:0-Sieg in Amsterdam gegen Juventus Turin). Ihm wurde aber angelastet, dass der FC Barcelona in dem Jahr spanischer Meister geworden war und nicht Real.[252] Für Heynckes muss es eine ähnliche Enttäuschung wie 1974 gewesen sein, als er noch als Spieler aufgrund einer Verletzung im Endspiel der WM gegen Holland fehlte.[253]

Dass es manchmal nicht reicht, spanischer Meister zu werden, musste im Sommer 2007 auch der Italiener →Fabio Capello erfahren: Auch er verließ Real Madrid nach dem Triumph mit einer Millionenabfindung in der Tasche.[254] Sein Nachfolger wurde Bernd Schuster.

Hickersberger, Josef (27.04.1948-) verdankt seinen Spitznamen „Färöer-Pepi"[255] einer Schmach. Er war, wie bei der EM

2008, österreichischer Nationaltrainer, als sein Team am 12. September 1990 im schwedischen Landskrona gegen die Freizeitfußballer der Färöer verlor. Hickersberger trat danach zurück, weil auch die Begleitumstände einmalig waren. Österreichs Stürmerstar Toni Polster hatte zuvor einen 10:0-Sieg vorausgesagt; die Nordmänner gingen durch das 1:0 in der EM-Quali erstmals groß in die Fußballhistorie ein, zu der ihr Torwart Jens Martin Knudsen mehr als eine Fußnote beisteuerte: Der Mann, der sonst im richtigen Leben für eine Fischfabrik als Fahrer arbeitete, trug damals beim Spiel gegen Österreich seine legendäre Pudelmütze.[256] Torschütze Torkil Nielsen jobbte im wirklichen Leben als Holzhändler.[257]

In der WM-Qualifikation für 2010 traf Österreich erneut auf die Färöer: Ohne Hickersberger, der nach EM 2008 zurückgetreten war. Auch unter dem neuen Trainer →Karel Brückner ging Österreichs Faröer-Erlebnis weiter. Die Ösis holten im Oktober 2008 auswärts nur ein 1:1 gegen den Weltranglisten-198. Die Nordmänner hatten zuvor 21 Länderspiele am Stück verloren. Diesmal war Bogi Lökin ihr Torschütze, dessen Vater Abraham schon 1990 gegen Österreich dabei gewesen war. Den zweiten Färöer-Schock gab es so für Andreas Herzog: 1990 konnte er schon als Spieler nichts am Debakel der Ösis ändern, diesmal auch nicht als Trainerassi. Weil wegen des stürmischen Wetters die Technik nicht rechtzeitig angeliefert werden konnte, gab es außerdem für die Fußballfans in Österreich keine Livefernsehbilder vom Spiel, sondern nur ein Standbild plus „Radioreportage" des Kommentators. Für Hartgesottene wurde das 1:1 aber in ORF 1 wiederholt.[258]

Hiddink, Guus (08.11.1946-) genoss als russischer Nationaltrainer nach der Europameisterschaft 2008 so großes Ansehen, dass eine Wodka-Marke nach ihm benannt werden sollte. Der „Hiddinka" kam dann aber nicht zustande, wahrscheinlich auch, weil der Holländer „fast keinen Alkohol"[259] trinkt.

Der russische Oligarch Roman Abramowitsch war entscheidend dafür verantwortlich, dass Hiddink 2006 Nationaltrainer Russlands wurde. Er fragte ihn, ob Hiddink dem russischen Fußball helfen wolle. Abramowitsch ist nicht nur Besitzer des FC Chelsea, er finanziert auch die russischen Zentren für den Fußballnachwuchs.[260] Und Abramowitsch verpflichtete Hiddink im Jahr 2009 übergangsweise auch als Trainer für seine eigene Londoner Premier League-Mannschaft.

Hirsch, Julius (07.04.1892-unbekannt, am 08.05.1945 für tot erklärt): Der von allen nur „Juller" genannte Hirsch bildete zusammen mit Gottfried Fuchs ein kongeniales Sturmduo beim Karlsruher FV. Beide wurden mit ihrem Klub 1910 Deutscher Meister. Hirsch holte zudem 1914 mit der Spielvereinigung Greuther Fürth den Titel. Zwischen 1911 und 1913 bestritt er sieben Länderspiele für Deutschland. Unter anderem schoss er 1912 beim 5:5 in den Niederlanden vier Tore. „Der Halblinke liess wieder das Feuerwerk seiner Schiesskunst steigen", stand noch 1941 in Anlehnung an dieses Spiel im „Kicker-Jahrbuch".[261]

Hirschs Name wurde dabei jedoch nicht erwähnt. Denn Hirsch war Jude. Kurz nach der Machtergreifung der Nationalsozialisten mussten Juden und Kommunisten seit April 1933 per Weisung des DFB ihre Heimatvereine verlassen.[262] Hirsch kam einem Ausschluss zuvor, indem er von sich aus kündigte und dem Karlsruher FV folgenden Brief schrieb: „Leider muss ich nun bewegten Herzens meinem lieben KFV, dem ich seit 1902 angehörte, meinen Austritt anzeigen. Nicht unerwähnt möchte ich aber lassen, dass es in dem heute so gehassten Prügelkinde der deutschen Nation auch anständige Menschen und vielleicht noch viel mehr national denkende und auch durch die Tat bewiesene und durch das Herzblut vergossene deutsche Juden gibt."[263] Hirsch war unter anderem Frontkämpfer im Ersten Weltkrieg gewesen. Obwohl er seit 1941 von den Nationalsozialisten zum Tragen des Judensterns verpflichtet war und Juden zu dieser Zeit keine öffentlichen Veranstaltungen wie Fussballspiele besuchen durften, war Hirsch dennoch ständiger Gast bei seinem KFV. Ein ehemaliger Kontrolleur verhalf ihm heimlich ins Stadion, und seinen Judenstern verdeckte Hirsch hinter einer Aktentasche.[264]

Am 1. März 1943 folgte Hirsch der Aufforderung der Gestapo zu einem „Arbeitseinsatz". Er wurde von Karlsruhe aus ins Konzentrationslager Auschwitz deportiert. Eine am 3. März 1943 abgestempelte Postkarte war das letzte Lebenszeichen von ihm.[265] Sein genaues Todesdatum und die Umstände seines Todes wurden nie geklärt. 1950 wurde er vom Amtsgericht Karlsruhe für tot erklärt und als Sterbedatum der 8. Mai 1945 angegeben.[266] In Andenken an ihn vergibt der DFB seit 2005 jährlich den mit 20.000 Euro dotierten Julius-Hirsch-Preis für Freiheit, Toleranz und Menschlichkeit, gegen Rassismus und Fremdenfeindlichkeit, Gewalt und Diskriminierung.[267]

Auch der erfolgreiche Fußballtrainer **Hitzfeld, Ottmar** (12.01.1949-) hat sich mit Urs Siegenthaler wiederholt beraten. Siegenthaler wurde von →Jürgen Klinsmann als Chefscout zur deutschen Nationalmannschaft geholt. Hitzfeld und Siegenthaler haben früher beim FC Basel zusammengespielt. In den vergangenen Jahren bildete sich Hitzfeld auch durch diese Beratungen mit dem früheren Mannschaftskollegen in der Trainingsarbeit weiter. Auch Bundestrainer →Joachim Löw besuchte einst im schweizerischen Magglingen Trainerseminare bei Urs Siegenthaler.[268]

Hitzfelds Start in die Trainerkarriere verlief übrigens schlagkräftig. 1983 beim SC Zug in der Schweiz war Vereinspräsident Werner Hofstetter häufig mit der Leistung der Mannschaft unzufrieden. Hitzfeld erinnerte sich: „Nach unzähligen Diskussionen war er einmal sogar mit der Hand an meiner Gurgel und würgte mich. Das war die härteste Schule in meinem Leben."[269]

Ottmar Hitzfeld, der gelernte Mathematik- und Sportlehrer, der in diesem Job aber nie arbeitete, gewann als erster Trainer zwei Mal die Champions League, 1997 mit Borussia Dortmund und 2001 mit Bayern München.

Hoeneß, Ulrich „Uli" (05.01.1952-) kann noch Geschichten aus einer zeitlich weit entfernten Fußballwelt erzählen. Im Magazin der „Süddeutschen Zeitung" schilderte der Manager eine solche Begebenheit der besonderen Art: In den siebziger Jahren hatten seine Bayern noch mit ihm als Spieler in Bremen gewonnen. Werderfans belagerten danach den Bayernbus. Einer brach den Scheibenwischer ab: Franz „Bulle" Roth und Sepp Maier holten sich den Mann in den Bus und ließen ihn erst am Flughafen wieder frei. Was auf dem Weg dorthin im Einzelnen passierte, sagt Hoeneß zwar nicht, aber der Fan „ist während der Fahrt doch etwas unruhig gewesen."[270]

→Michael Ballack lieferte ein Beispiel für den guten Draht, den der Bayern-Manager zu den Spielern hat: Als es für Ballack 2006 darum ging, nach drei gewonnenen Doubles aus Meisterschaft und Pokal 2003, 2005, 2006 beim Verein zu bleiben oder nach England zu Chelsea zu wechseln, vermied der Nationalmannschaftskapitän einen allzu engen Kontakt mit dem Manager: „Wenn ich zwei-, dreimal allein bei Uli Hoeneß im Büro gewesen wäre, dann hätte ich vielleicht unterschrieben. Deshalb bin ich gar nicht erst raufgegangen.“[271]

Hrubesch, Horst (17.04.1951-) ging 1980 unter die Sachbuchautoren. Zusammen mit Dieter Schicker schrieb er das Werk „Dorschangeln vom Boot und an den Küsten“.[272] Für den „Spiegel“ war es sogar ein „Klassiker der Angelliteratur.“[273] Hobbyangler Hrubesch war 1978 von Rot-Weiß Essen zum HSV gewechselt und fragte sich nun, nachdem er im Binnenland reichlich Erfahrungen mit der Rute gemacht hatte, wie das an der Küste mit dem Brandungsangeln so geht. Weil ihn beim Verein in dieser Angelegenheit niemand unterstützen konnte, auch kein passendes Buch zur Hand war, schrieb Hrubesch ratsuchend an den Verlag des Fachmagazins „Fisch

und Fang". Hrubesch ging schnell mit dem Experten Dieter Schicker angeln und am Ende sprang das Buch heraus: Es wurde ein Beststeller, die erste Auflage ging mit 30.000 Exemplaren schnell über den Ladentisch.[274] Neben Hrubeschs schriftstellerischem Erfolg standen damals seine sportlichen Triumphe als Stürmer im Verein und in der Nationalmannschaft: Das „Kopfballungeheuer" gewann 1979, 1982 und 1983 die deutsche Meisterschaft, holte 1983 mit dem HSV den europäischen Landesmeisterpokal und wurde 1980 Europameister.

Dass Hrubesch letztlich für den HSV spielte, hatte er nur der „verletzten Schweigepflicht" von Eintracht Frankfurt zu verdanken. 1978 hatte Hrubesch bereits einen Vertrag in Frankfurt unterzeichnet. Es wurde vereinbart, dass Hrubesch zuerst den Wechsel von Rot-Weiß Essen zur Eintracht öffentlich bekannt gibt – anderenfalls sei der Kontrakt ungültig.[275] Ein vorlauter Frankfurter hielt sich jedoch nicht an die Abmachung. Als Hrubesch auf der Autobahn Richtung Ruhrgebiet fuhr, hörte er im Radio von seinem Transfer und unterschrieb anschließend in Hamburg.[276]

Hurst, Sir Geoffrey „Geoff" Charles (08.12.1941-) erzielte als einziger Spieler drei Tore in einem WM-Finale. Der Engländer schaffte dieses Kunststück im Endspiel 1966 gegen die deutsche Mannschaft. Darunter war zum Leidwesen der deutschen Spieler und Fans das legendäre „Wembleytor" zum 3:2.

Das 66er Endspiel war auch das erste WM-Finale, das live weltweit im Fernsehen übertragen wurde.[277]

Illgner, Bodo (07.04.1967-): Der ehemalige deutsche Nationaltorhüter war zwar nie unumstritten und steht bei den Fans nicht auf einer Stufe mit anderen Schlussmännern wie Sepp Maier, →Toni Schumacher oder →Oliver Kahn. Dennoch hat Illgner etwas geschafft, was bislang keinem anderen Torwart weltweit gelang – mit 23 Jahren ist er der jüngste Weltmeister auf seiner Position. Am 8. Juli 1990, dem Tag des WM-Endspiels in Rom zwischen Deutschland und Argentinien, war Illgner sogar der jüngste Spieler auf dem Platz.

Jaschin, Lew Iwanowitsch (22.10.1929-20.03.1990) war der legendäre Torwart der sowjetischen Europameistermannschaft von 1960 (2:1 im Finale gegen Jugoslawien). Die EM wurde damals noch Europapokal der Nationen genannt.

Im Jahr 1964 verloren die Sowjets mit Jaschin das EM-Endspiel gegen Spanien mit 1:2. Dem Weltklassetorhüter aus der UdSSR wurde damals in Spanien großer Respekt entgegengebracht. So der Zeit den spanischen Kindern erzählt, dass Jaschin eigentlich ein baskisches Flüchtlingskind sei, das durch die Kommunisten eine Gehirnwäsche erhalten hatte und deshalb nun denken musste, Bürger der Sowjetunion zu sein.[278]

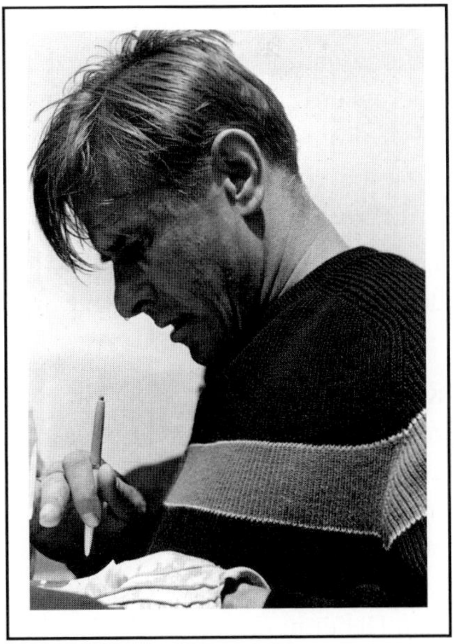

Jones, Stephanie Ann „Steffi" (22.12.1972-): Die ehemalige Nationalspielerin ist als Präsidentin des Organisationskomitees für den reibungslosen Ablauf der Frauenfußball-WM 2011 in Deutschland zuständig. Jones wurde 2003 Weltmeisterin und 1997, 2001 und 2005 Europameisterin. Sie wuchs als Tochter eines US-Soldaten und einer deutschen Mutter auf und besitzt neben der deutschen auch die amerikanische Staatsbürgerschaft. Einer ihrer beiden Brüder, Frank, verlor als US-Soldat während des Irakkrieges im November 2006 beide Beine, als er mit seinen Kameraden in einen Hinterhalt geriet.[279]

Steffi Jones ist nicht mit Schalkes Nationalspieler Jermaine Jones verwandt. Ihre Mutter war aber seine Tagesmutter, und die beiden wuchsen im selben Frankfurter Stadtteil auf.[280]

Jorge, Artur (13.02.1946-) führte 1996 die Schweizer Fußballnationalmannschaft zur EM nach England. Den Portugiesen interessieren auch andere Dinge neben dem runden Leder. Jorge ist promoviert. Er studierte Philosophie und Germanistik, darunter eineinhalb Jahre in Leipzig[281], und er gilt als „Hobbydichter".[282]

Er war Trainer des FC Porto beim Europapokalsieg der Landesmeister 1987 gegen Bayern München (2:1).

Kahn, Oliver (15.06.1969-) hat es seinem unglaublichen Ehrgeiz zu verdanken, dass er über Jahre zu den besten Torhütern der Welt gehörte. Schon früh schindete er sich mit Sondertraining im Tor und im Kraftraum. Sein früherer Jugendtrainer Rudi Wimmer beim Karlsruher SC sagte: „Der Olli hatte schon als B-Jugendlicher einen Body wie ein Zehnkämpfer."[283] Sein Debüt in der Bundesliga am 27. November 1987 war alles andere als viel versprechend: Kahn kassierte gleich vier Gegentore beim 0:4 des KSC beim 1.FC Köln.

Apropos Ehrgeiz: In seiner Karlsruher Zeit hat der Torhüter einmal bei einem Benefizturnier fast alle Bälle gehalten, obwohl für jedes Tor Geld gespendet worden wäre. Dass es sich um eine Wohltätigkeitsveranstaltung handelte, wusste Kahn zu dem Zeitpunkt nicht, erzählte er dem Magazin der „Süddeutschen Zeitung". Erst später habe er von Trainer Winnie Schäfer die Wahrheit erfahren. „Leider", so Kahn.[284]

Im Champions-League-Finale 2001 gegen Valencia hielt Kahn drei Elfmeter und ebnete seinem FC Bayern damit den Weg zum Triumph. Tage zuvor hatte der FC Bayern mit dem 1:1 beim HSV in letzter Minute den Schalkern die Meisterschaft noch vor der Nase weggeschnappt.

Dramatisch für Kahn war das Endspiel zwei Jahre zuvor in Barcelona ausgegangen. Die Münchner führten bis kurz vor Schluss gegen Manchester United mit 1:0. Die Engländer drehten noch das Spiel und gewannen 2:1. Ein Albtraum für Oliver Kahn und die schwärzeste Stunde seiner Karriere, so hat er es dem Fußballmagazin „11Freunde" gesagt.[285] Selbst das 0:1 im verlorenen WM-Endspiel 2002 gegen Brasilien (0:2) sei für ihn, so Kahn, „nichts im Vergleich mit Barcelona 1999" gewesen.[286] Kahn hatte bei der WM mit sensationellen Paraden, Deutschland erreichte mit nur einem Gegentor das Endspiel, den Finaleinzug gesichert, ließ dann aber einen Ball nach vorn abprallen, →Ronaldo stand goldrichtig und brachte die Südamerikaner in Führung, traf später auch noch zum 2:0-Endstand. Oliver Kahn wurde danach als erster Torhüter als bester Spieler bei einer WM mit dem Goldenen Ball geehrt.

Eine der Narben in Kahns Gesicht stammt von einem Golfball, der ihn bei einem Auswärtsspiel in der Bundesliga mit den Bayern in Freiburg am 17. April 2000 getroffen hatte.[287]

Eine Narbe auf der Seele Oliver Kahns war die Ausbootung vor der WM 2006 durch →Jens Lehmann. Trotz der Rivalität der beiden ging die große Geste Oliver Kahns vor dem Elfmeterschießen im WM-Viertelfinale in Berlin gegen Argentinien in die Geschichte ein, als Kahn Lehmann gut zuredete und Mut zusprach. Fast vergessen ist dagegen, dass es vier Jahre zuvor eine ähnliche Situation genau andersherum gegeben hatte. Nachdem Kahn der deutschen Mannschaft 2002 mit einer Weltklasseleistung den 1:0-Viertelfinalsieg gegen die USA gesichert hatte, kam die damalige Nummer 2 auf die Nummer 1 zu und attestierte ihm eine Superleistung, und dies zeugte „von großartigem Sportsgeist", wie Kahn der „Süddeutschen Zeitung" sagte.[288]

Die Torwartlegende Oliver Kahn hat selbst nie ein Tor erzielt. Beim 2:3 der Bayern in Rostock 2001 boxte er den Ball über die Linie und wurde daraufhin von Schiedsrichter →Markus Merk mit Gelb-Rot vom Platz gestellt. Beim Stand von 6:0 Bayern gegen Cottbus im Jahr 2002 trat Kahn zum Elfmeter an und verschoss.

Drei Fußballlegenden beendeten dann am letzten Spieltag 2008 (Bayern - Hertha BSC 4:1 am 17. Mai) im selben Spiel ihre aktive Bundesligakarriere: Oliver Kahn, sein Bayerntrainer →Ottmar Hitzfeld und Schiedsrichter →Markus Merk.

Apropos Schiedsrichter: Am 3. April 1999 hatte der Titan Kahn versucht, den Borussen Heiko Herrlich in der berühmten Szene im Bundesligaspiel gegen Dortmund zu beißen.[289] Danach musste Schiedsrichter Knut Kircher ein Mal Oliver Kahn in einem anderen Spiel verwarnen. Nach einem Bericht von „11Freunde" ging Kircher daraufhin auf Kahn mit den Worten zu: „Herr Kahn, ich zeige Ihnen jetzt die Gelbe Karte. Bitte nicht beißen."[290] Kahn soll gelacht haben.[291]

Kaká, eigentlich Ricardo Izecson dos Santos Leite (22.04.1982-): Der für deutsche Ohren kuriose Name des Brasilianers von Real Madrid kam ganz einfach zustande: Der kleine Bruder Rodrigo konnte seinen richtigen Namen Ricardo nicht aussprechen und sagte immer nur „Kaká“[292], erzählte der Brasilianer im Jahr 2006 dem „Kicker“ in einem Interview. In Brasilien ist „Kaká“ eine gängige Koseform für Namen wie Carlos und Ricardo.

Mit 18 Jahren schoss Kakábei seinem ersten Einsatz als Profi für den FC Sao Paulo zwei Tore in zwei Minuten. Dabei hätte sein Leben auch anders verlaufen können. In der Zeit, als seine Profikarriere begann, machte Kaká im Schwimmbad einen Kopfsprung. Das Wasser war zu flach und der Brasilianer brach sich am Beckenboden einen Halswirbel. Eine dauerhafte Lähmung wäre möglich gewesen. Weil er davon verschont blieb, bedankt er sich für jedes erzielte Tor mit beiden Armen in Richtung Himmel.[293]

Der Mittelfeldspieler ist in seiner Zeit beim AC Mailand ständig auch von anderen Vereinen umworben worden: Millionenangebote gab es besonders häufig von Real Madrid: Vielleicht hatte Kaká dies im Hinterkopf, als er Anfang August 2007 bei einem Gastspiel des AC Mailand in Moskau irrtümlich in den Mannschaftsbus der „Königlichen“ aus Madrid einstieg.

Kakáspielt natürlich für die brasilianische Nationalmannschaft, besitzt aber auch einen italienischen Pass. Diese Formalitäten erledigte im Februar 2007 der Mailänder Polizeichef persönlich mit ihm.[294]

Keane, Roy (10.08.1971-): Der ehemalige Kapitän von Manchester United galt in seiner gesamten Karriere als Grobklotz. Das defensive Mittelfeld war seine Kampfzone, hier rackerte und grätschte der Ire ohne Kompromisse. Von den Fans wurde er dafür geliebt, von vielen Mitspielern gehasst. Das bekannteste Opfer von „Kampfhund" Keane ist Alf-Inge-Haaland. Der Norweger spielte 1997 bei Leeds United. Einen Zweikampf mit Keane überstand er schadlos, der Übeltäter selbst hingegen wälzte sich am Boden. „Steh' auf und simulier' hier nicht rum", hatte Haaland ihm daraufhin ins Gesicht geschrien.[295] Keane war jedoch tatsächlich verletzt, hatte sich das Kreuzband gerissen und fiel neun Monate aus. Vier Jahre später revanchierte er sich für Haalands Häme – auf seine Weise: Haaland spielte mittlerweile für Manchester City. Im Stadtderby zertrümmerte Keane ihm mit gestrecktem Bein regelrecht das rechte Knie und beendete somit dessen Karriere. „Ich habe ihm richtig einen verpasst und gesagt: 'Das ist für dich, du Scheißkerl'. Ich habe gar nicht auf die rote Karte des Schiedsrichters gewartet. Ich bin gleich vom Platz gegangen", meinte Keane in seiner später erschienenen Autobiografie.[296]

Keegan, Kevin (14.02.1951-): 1979 war sein großes Jahr. Keegan wurde, wie schon 1978, erneut zu „Europas Fußballer des Jahres" gewählt. Zudem führte der Engländer, den alle nur „Mighty Mouse" (Supermaus) nannten, den Hamburger SV nach 19 Jahren erstmals wieder zur Deutschen Meisterschaft und startete außerdem erfolgreich im Musik-Business durch. Mit dem von Chris Norman geschriebenen Schmuseschlager „Head over Heels in Love" (Hals über Kopf verliebt) landete Keegan im Juli 1979 auf Platz zehn der deutschen Charts und in seiner Heimat auf Rang 31.[297] Während er auf dem Rasen auch anschließend noch erfolgreich war und den HSV unter anderem 1980 ins Europacup-Finale der Landesmeister führte, blieb Keegan in der Musik-Branche jedoch nur ein One-hit-wonder.

Klinsmann, Jürgen (30.07.1964-): Der Fußball-Weltmeister von 1990 wollte sich schon immer in seiner Karriere ein gewisses Maß an Unabhängigkeit sichern. Dazu gehörte auch das Erlernen von Fremdsprachen. Im Alter von 19 Jahren flog er mit den Stuttgarter Kickers erstmals nach Florida und war nach eigener Aussage „ohnmächtig", weil er nicht ausreichend Englisch sprach, um sich mit den Amerikanern unterhalten zu können. So flog Klinsmann vier Tage, nachdem die Mannschaft zurückgekehrt war, erneut in die USA, um die Sprache besser zu erlernen.[298]

Sein Image ist vielseitig: Bundestrainer →Berti Vogts sagte vor der Fußball-EM 1996: „Selbst ein Jürgen Klinsmann, der wirklich genügend Geld hat, ist der Erfolgshungrigste überhaupt."[299] Von Vogts ist auch der Satz verbürgt: „Gegen einen Jürgen Klinsmann kannst du keinen Krieg gewinnen." Und sein Trainer in Monaco, Arsene Wenger, stellte fest, dass er solch einen arroganten Spieler noch nie erlebt habe.[300]

Nach einer Analyse des Goethe-Instituts war Klinsmann im Jahr der EURO 1996 zusammen mit Adold Hitler bei britischen Schulkindern der bekannteste Deutsche.[301]

Während seiner aktiven Fußballerkarriere ließ er sich seinen Namen inklusive seiner Trikotnummer 18 beim Londoner Registergericht schützen.[302] Bei Tottenham Hotspur besaß er eine vertragliche Stammplatzgarantie, eine Seltenheit im Profigeschäft.

Seine Torjägerqualitäten deutete Klinsmann schon als Neunjähriger an. In einem E-Jugend-Spiel für seinen ersten Verein, den TB Gingen/Fils, schoss er 16 Tore.[303]

Sein letztes offizielles Spiel bestritt Klinsmann im Viertelfinale der Fußball-Weltmeisterschaft 1998 in Frankreich. Nach der 0:3-Niederlage der Deutschen Nationalmannschaft gegen Kroatien beendete er am 4. Juli 1998 seine aktive Karriere. In der Saison 2003/2004 stand der damals 39-jährige Klinsmann jedoch wieder als Stürmer auf dem Rasen. Unter dem Namen „Jay Goppingen" spielte er für die College-Mannschaft Orange County Blue Star in der USL Development Premier League. Dies ist die vierthöchste Liga in den USA. „Ich habe mich für einen falschen Namen entschieden, weil ich kein Aufsehen erregen wollte", begründete Klinsmann.[304] Als Jay Goppingen erzielte er in acht Spielen fünf Tore. „Jay" stand für Jürgen und „Goppingen" für seinen Geburtsort Göppingen.[305]

„Jay Goppingen" trainierte damals in Kalifornien unter Nick Theslof. Diesen holte Klinsmann dann bei seinem Dienstantritt als Trainer des FC Bayern als internationalen Scout in sein Team. Schon während der WM 2006 hatte Theslof als Spielbeobachter für Klinsmann gearbeitet.[306]

Sich fit zu halten unter falschem Namen war in der Familie Klinsmann übrigens keine einmalige Sache. Als Jürgen Profi beim FC Bayern war, trainierte seine Ehefrau Debbie unter ihrem Mädchennamen Chin im Basketball-Amateurteam des MTSV Schwabing mit.[307]

Kluivert, Patrick (01.07.1976-): Es gibt ein Foto, das den zehnjährigen Niederländer surinamischer Abstammung in Fußballkluft gemeinsam mit seinem großen Idol Frank Rijkaard zeigt. Der Stürmer wuchs in Amsterdam in derselben Straße wie sein späterer Nationalmannschaftskollege →Edgar Davids auf.[308] Der eigene Aufstieg zum Fußballstar war für Kluivert steinig. Als 19jähriger war er 1995 in einen tödlichen Verkehrsunfall verstrickt. Er wurde zu Sozialarbeit verurteilt und musste sich wegen des Unfalls am Telefon rassistische Beschimpfungen von Neonazis anhören.[309] 1997 wurde Kluivert wegen eines Vergewaltigungsversuchs angezeigt, den er bestritt. Die Ermittlungen wurden eingestellt.[310]

Einen sportlichen Platz im Lexikon verschaffte sich Kluivert dadurch, dass er 1995 mit Ajax Amsterdam die Champions League und den Weltpokal gewinnen konnte. 1999 wurde er mit dem FC Barcelona spanischer Meister.

Köpke, Andreas (12.03.1962-), der heutige Torwarttrainer der deutschen Nationalmannschaft, krönte seine aktive Karriere 1996 mit dem Gewinn der Fußball-EM. Die britische Presse nannte ihn den „besten Faustkämpfer seit Max Schmeling".[311] Es war sein erstes großes Turnier als Nummer 1, nachdem er seit 1990 nur Ersatztorhüter gewesen war. Auch sein Vorgänger

→Bodo Illgner hatte als Turnierneuling 1990 gleich einen Titel als Weltmeister abgeräumt.

Im Übrigen hatte er mit seinen jeweiligen Bundesligavereinen weniger Glück. Kein anderer Bundesligatorwart ist so häufig abgestiegen wie Köpke: fünf Mal trat er den Weg nach unten an.

Kohler, Jürgen (06.10.1965-): Der Fußball-Weltmeister von 1990 hatte nicht nur einen Eisenfuß, an dem beispielsweise in den legendären Duellen Hollands Stürmer Marco van Basten häufig nicht vorbeikam, Kohler war auch sonst eisern. Vor der EM in England auf den gefürchteten morgendlichen Porridge angesprochen, entgegnete der Verteidiger: „Esse ich sehr gern, weil ich schon als Kind sehr gern Haferschleim gegessen habe."[312] Das EM-Turnier 1996 war für Kohler schon nach zehn Minuten zu Ende. Nach einem Zweikampf mit dem Tschechen Pavel Kuka musste er mit Innenbandabriss vom Feld. Kohler war für den gesperrten →Jürgen Klinsmann gegen Tschechien Kapitän gewesen. In der Bundesligasaison vor dem Turnier war Kuka am ersten Spieltag seiner Lauterer gegen Dortmund nach einer Schwalbe Kohlers mit der Roten Karte vom Platz geflogen. Kohler hatte sich danach bei Kuka entschuldigt, Kuka dementierte nun, dass er in dem EM-Spiel 1996 den Dortmunder Kohler gefoult hatte.[313]

Als „schönstes Erlebnis der Karriere“[314] sieht Jürgen Kohler an, dass der niederländische Stürmerstar Marco van Basten trotz der Duelle mit ihm immer Respekt und sogar Sympathie gegenüber dem Deutschen gezeigt habe. Die beiden erkannten sich gegenseitig ihre Leistungen an und tauschten sogar Trikots. Das Duell der beiden, was legendäre Spiele betrifft, ging unentschieden aus: Kohler behielt 1990 beim WM-Achtelfinale die Oberhand (2:1 für Deutschland), beim EM-Halbfinale 1988 (2:1 für Holland) verursachte Kohler mit einem Foul an van Basten einen Elfmeter, der keiner war, und er kam in der 88. Minute gegen den Stürmer zu spät, der zum 2:1 traf. Der deutsche Verteidiger sah die Niederlage in Hamburg 1988 als Schlüsselspiel seiner Karriere an, wie er der „Süddeutschen Zeitung“ erzählte: „Ich habe gelernt, dass ich mehr tun muss, mehr trainieren muss, um mal die Klasse von van Basten zu haben, auf meiner Position.“ [315]

Kostedde, Erwin (21.05.1946-) gab am 22. Dezember 1974 als erster dunkelhäutiger Spieler sein Debüt in der deutschen Nationalmannschaft. Aufgrund seiner Hautfarbe kam er 1990 unschuldig in Untersuchungshaft. Im August des Jahres hatte ein Farbiger in Coesfeld nahe Kosteddes Heimatstadt Münster eine Spielhalle ausgeraubt und dabei 190 Mark erbeutet. Ein Zeuge meinte, den ehemaligen Fußballprofi als Täter erkannt zu haben. Kostedde, der seine Unschuld beschwor, kam für sieben Monate hinter Gitter. Im Gerichtssaal stellte die Überfallene fest, dass er nicht der Täter war. Erwin Kostedde wurde frei gesprochen und entlassen, und er erhielt 3.000 Mark Haftentschädigung.[316]

Krankl, Hans (14.02.1953-): Sein Name steht buchstäblich für Österreichs größten fußballerischen Erfolg: Beim 3:2 gegen Deutschland im argentinischen Cordoba traf der Stürmer zwei Mal. Krankl machte so bei der WM 1978 den ersten österreichischen Sieg gegen Deutschland nach 47 Jahren perfekt. Und er soll, so beschwören es genaue Betrachter der Aufnahmen, nach dem zweiten Tor eine Erektion gehabt haben.[317]

In der Mannschaft Österreichs war 1978 auch der spätere Nationaltrainer →Josef Hickersberger dabei.

Kremers, Erwin (24.03.1949-): Dem Schalker Linksaußen und Europameister 1972 wurde 1974 ein Disput mit dem Schiedsrichter zum Verhängnis, weswegen er im gleichen Jahr kein Weltmeister werden konnte. Schalke spielte im letzten Saisonspiel gegen den 1. FC Kaiserslautern. Die Tritte der Pfälzer Verteidiger nervten den Schalker so sehr, dass er sich beim Schiedsrichter beschwerte. Kremers sah die Rote Karte, konnte sich danach aber nicht mehr erinnern, was er dem Schiri gesagt hatte. Sein Zwillingsbruder Helmut präzisierte: „Dafür hast du es ihm aber auch sechsmal gesagt."[318] Erwin Kremers flog wegen der Vorkommnisse aus dem WM-Kader.

Kuntz, Stefan (30.10.1962-): Der ehemalige deutsche Nationalspieler wurde kurz vor der Weltmeisterschaft 1998 ein Opfer seines Nachnamens. Die englische Rockband „The Lightning Seeds“ hatte nach den Erfolg ihres Hits „Football's coming home“ bei der Europameisterschaft 1996 die neue Version „Three Lions 98“ produziert. In dem dazugehörigen Video spielen englische und deutsche Fans gegeneinander Fußball. Die Deutschen tragen alle ein Nationaltrikot mit der Nummer 11 und dem Namen Kuntz.[319] „Cunts“ ist im Englischen der Plural für „Scheide“ oder vulgär ausgedrückt „Fotze“.

Vielleicht war das Video auch nur eine Art Rache der Engländer. Denn ausgerechnet Ersatzmann Kuntz, der für den verletzten →Jürgen Klinsmann spielte, erzielte im EM-Halbfinale 1996 zwischen England und Deutschland in Wembley das 1:1 und traf später auch im Elfmeterschießen.

Das englische Pendant zu Stefan Kuntz ist Nicky Butt. Der ehemalige englische Nationalspieler, der unter anderem 1999 mit Manchester United die Champions League gewann, wird in seiner Heimat ebenso verhöhnt. Denn „Butt“ ist das englische Wort für „Hintern“ oder „Arsch“.

Kuzorra, Ernst (16.10.1905-1.1.1990): Ein Mal gestorben, zwei Mal beerdigt – das war Ernst Kuzorra. Als der Mittelfeldspieler, der mit Schalke 04 sechs Mal deutscher Meister geworden war, im Januar 1990 in Gelsenkirchen beerdigt wurde, fehlte ausgerechnet der damalige Vereinspräsident Günther Eichberg. Der Klubboss war auf dem Rückweg von Miami, hatte aber in Frank-

furt seinen Anschlussflug verpasst.[320] Als Eichberg schließlich zum Friedhof kam, war Kuzorra bereits unter der Erde. „Da hab ich gesacht: Können wir dat Beerdigungsfoto nich nachstellen? Und dat haben wir gemacht", erinnert sich der langjährige Fotograf der „Bild", Hennes Multhaup.[321] Neben Eichberg, Vizepräsident Herbert Schmitz und Gelsenkirchens früherem Bürgermeister Kurt Bartlewski stand auch Schalkes langjähriger Betreuer Karl-Heinz „Charly" Neumann mit am Grab. Multhaup: „Charly Neumann hat noch mal die Fahne rausgeholt und fing gleich noch mal an zu Heulen."[322]

Der Heldenstatus, den Kuzorra vor allem im Ruhrgebiet hatte, wurde einst durch ein Zitat des ehemaligen Bundespräsidenten Johannes Rau offensichtlich. Auf den Vorschlag, Fußballstadien nach Frauen zu benennen, entgegnete Rau: „Wie soll das denn dann heißen? Ernst-Kuzorra-seine Frau-ihr-Stadion?"[323]

Lahm, Philipp (11.11.1983-) spielte sich 2006 in die Fußballgeschichte, als er mit dem 1:0 im ERöffnungsspiel gegen Costa Rica das erste Tor der WM in Deutschland erzielte.

Dass er spielerisch gut drauf ist, hatte sein früherer Trainer Hermann Gerland bei den Bayern-Amateuren schon viel früher gesehen: „Für mich ist das doch wie Kaviar gewesen, ach was, ich ess` ja lieber Bratwurst – das ist wie eine wunderbare Bratwurst essen, wie der Fußball spielt, wie der eine Situation lösen kann!“[324] Dass Lahm neben dem Profifußball auch andere Dinge interessieren, hat er mit der Gründung seiner Stiftung bewiesen. Sie kümmert sich um die Zukunft von benachteiligten Kindern und Jugendlichen in Deutschland und Afrika. 150.000 Euro hat Lahm für seine Stiftung selbst aufgebracht und wurde für sein Engagement bei einer Feier als einer der jüngsten Stiftungsgründer in der Bundesrepublik geehrt.[325]

Lama, Bernard (07.04.1963-) stand bis ins Jahr 2000 44 Mal im Tor der französischen Nationalmannschaft.

Bis zum Alter von 15 war Lama magersüchtig, erst dann konnten ihm die Ärzte wirklich bei der Überwindung der Krankheit helfen.[326]

Lattek, Udo (16.01.1935-): Als Zehnjähriger war Lattek einer von rund zweieinhalb Millionen Deutschen, die Anfang 1945 aus Angst vor der herannahenden Roten Armee ihre ostpreussische Heimat verlassen hatten und über das Frische Haff und die teilweise zugefrorene Ostsee geflohen waren. Da die Landverbindungen Richtung Westen bereits von russischen Soldaten besetzt waren, blieb ihnen nur noch dieser Ausweg. In der 2001 ausgestrahlten Dokumentation des ZDF, „Die Grosse Flucht“ von Guido Knopp, schildert Lattek seine Erlebnisse von damals. Er musste mit ansehen, wie ganze Pferdekutschen in der eiskalten See versanken, mit ihnen das Hab und Gut ganzer Familien, die es nicht mehr schafften, sich ans Ufer zu retten.[327]

Lattek wurde später einer der erfolgreichsten Fußballtrainer der Welt. Er gewann mit seinen Mannschaften alle drei europäischen Cupwettbewerbe und wurde acht Mal deutscher Meister.

Legat, Thorsten (07.11.1968-): Er galt allgemein hin als Profi mit einem harten Schuss und einer weichen Birne. So begründete Legat in der Saison 1994/95 eine schwache Leistung im Trikot von Eintracht Frankfurt damit, dass sein Vater verstorben sei. Als der Klub daraufhin der Familie einen Beileidskranz zukommen ließ, nahm Vater Legat diesen persönlich entgegen.[328]

In seiner Zeit bei Schalke 04 zog sich Legat beim offiziellen Fototermin für das Mannschaftsfoto der Saison 2000/01 die Hose bis fast unter die Achseln hoch. Das Foto erschien sogar im Sonderheft des „Kicker". „Was soll ich machen? Wenn mir zwei Kollegen 1.000 Mark für die Aktion bieten, dann wäre ich ja doof, wenn ich es nicht machen würde", verteidigte sich Legat.[329] Die Rechnung ging trotzdem nicht auf – er musste letztlich das Zehnfache an Strafe an den Verein zahlen.[330]

In seiner Karriere wurde der Linksfuß mit Werder Bremen Europapokalsieger der Pokalsieger, Deutscher Meister und DFB-Pokalsieger. Auch mit dem VfB Stuttgart und Schalke 04 holte Legat jeweils den DFB-Pokal. Jeden seiner Titel hat er nach eigener Aussage ausgiebig gefeiert. „Vor vier, fünf Uhr war ich bei solchen Anlässen nie im Bett. Nach meinem Ermessen bin ich aber immer neben meiner Frau eingeschlafen."[331]

Legear, Jonathan (13.04.1987-): Der belgische Spieler vom RSC Anderlecht wollte seinen Führungsanspruch auf dem Platz mit einem schmissigen Zitat als Tätowierung auf dem Unterarm untermauern. Der Mittelfeldspieler hatte vor, sich den berühmten Ausspruch Cäsars „Veni, vidi, vici" (ich kam, sah und siegte) verewigen zu lassen, auf dem Arm landete stattdessen „Vini, vidi, vici" (frei übersetzt: ich betrank mich, sah und siegte). Der Fehler lag übrigens nicht beim Tätowierer. Denn so kommentierte Legear laut dem Fußballmagazin „11Freunde" den vermeintlichen Lapsus: „Ich las in der Zeitung, dass es falsch sei. Ich bin sicher, dass es ‚Vini' ist. Bevor ich es machen ließ, habe ich es sehr oft im Internet nachgelesen."[332]

Lehmann, Jens (10.11.1969-) köpfte in der Bundesliga-Saison 1997/98 ein Tor für seine Schalker im Spiel bei Borussia Dortmund (2:2).[333] Es war das erste Feldtor eines Keepers in der Bundesliga-Geschichte.

Lekgetho, Jacob (24.04.1974-09.09.2008): Jacob Lekgetho ist nach langer Krankheit gestorben, hieß es am 9. September 2008.[334] Der ehemalige südafrikanische Nationalspieler ist tot - und zwar endgültig. Dieser Zusatz muss bei Lekgetho sein, denn bereits am 19. Februar 2007 hatten russische Medien berichtet, dass der frühere Verteidiger von Lokomotive Moskau bei einem Autounfall in Kapstadt ums Leben gekommen sei.[335] Einen Tag später wurde diese Meldung jedoch dementiert.

Libuda, Reinhard „Stan“ (10.10.1943-25.08.1996): Angeblich soll einmal an den Litfasssäulen in Gelsenkirchen ein Plakat gehangen haben, auf dem „An Jesus kommt keiner vorbei“ gestanden hatte. Der Legende nach soll irgendjemand darunter geschrieben haben „außer Libuda.“[336] „Stan“ Libuda ist als einer der größten Dribbler in die deutsche Fußballgeschichte eingegangen. Er gewann 1966 mit Borussia Dortmund den Europapokal der Pokalsieger.

Es ist aber auch bekannt, dass Libuda außerhalb des Platzes an mangelndem Selbstbewusststein litt und sehr scheu in der Öffentlichkeit auftrat. Da impfte ihm beispielsweise während seiner Schalker Zeit Trainer Rudi Gutendorf vor einem Spiel in Großbritannien ein, er solle den Journalisten gegenüber antworten: „I am the right wing.“ (Ich bin der Rechtsaußen). Libuda sagte aber gegenüber den Medienvertretern: „I am the white ring.“[337] (Ich bin der weiße Ring).

Libuda litt am Ende seines Lebens an Kehlkopfkrebs und starb mit nur 52 Jahren an Herzversagen. Während seiner Trauerrede sagte Pfarrer Goldmann in der Gelsenkirchner Dreifaltigkeitskirche: „An Gott kommt keiner vorbei, auch Reinhard Libuda nicht.“[338]

Sieben Jahre nach Libudas Tod entdeckte ein Fan, dass der Name des Fußballers auf dem Grabstein falsch geschrieben war, nämlich Reinhard mit „ai“. Der damalige Schalke-Manager Rudi Assauer versprach daraufhin, sich um einen neuen Grabstein zu kümmern, der 3.000 Euro kosten sollte.

Lineker, Gary (30.11.1960-): Der englische Stürmer beendete nach dem Ausscheiden seines Teams (1:2 gegen den Gastgeber) bei der Fußball-EM 1992 in Schweden seine internationale Karriere. Lineker war einer der fairsten Spieler der Geschichte: er erhielt in offiziellen Fußballspielen nie eine gelbe oder rote Karte.

Bei der WM 1986 war er mit sechs Treffern Torschützenkönig.

Lippens, Willi „Ente" (10.11.1945-) erhielt seinen Kosenamen aufgrund des durch seine O-Beine hervorgerufenen Watschel-Gangs. Diesen wiederum führte er auf seine Plattfüße und einige andere anatomische Aussetzer zurück: „Hinzu kommt der Senkfuß, und mit meinem Fahrgestell ist auch nicht alles in Ordnung. Knie nach innen. Eine kleine Acht. Alles

andere als gute Voraussetzungen, um ein guter Fußballer zu werden", erzählt Lippens in seiner von Dietmar Schott verfassten Biografie „Ich danke Sie!"[339]

Die Geschichten um den Linksaußen von Rot-Weiß Essen und Borussia Dortmund sind legendär. Für Lippens war Fußball immer eine Kombination aus Sport und Spaß. Als Jugendlicher machte er einmal im Handstand ein Kopfballtor. Bayern Münchens Torwart Sepp Maier lockte „Ente" mit den Worten „Spiel mir beim Abschlag den Ball zu und ich spiel ihn dir zurück!"[340] Und als Lippens 1979 in die US-Fußball-Liga zu Dallas Tornado wechselte, begründete er es damit, dass er seinen „Onkel Donald Duck besuchen möchte."[341]

Berühmt wurde Lippens aber vor allem durch seinen Dialog mit dem Schiedsrichter bei einem Spiel in Herne. Der Referee sagte zu ihm: „Herr Lippens, ich verwarne Ihnen!“ Lippens antwortete: „Herr Schiedsrichter, ich danke Sie!“ und wurde daraufhin vom Platz gestellt.

Für die deutsche Nationalmannschaft spielte Lippens nie, obwohl Bundestrainer Helmut Schön mehrmals versucht hatte, ihn umzustimmen. Lippens blieb Holländer, weil sein Vater die Deutschen seit der Besatzungszeit hasste.[342]

Lorant, Werner (21.11.1948-): Sein Spitzname „Werner Beinhart" sagt eigentlich schon alles. Lorant war weder als Spieler - unter anderem UEFA-Cup-Sieger 1980 mit Eintracht Frankfurt -, noch als Trainer ein Vertreter der seichten Art. Mit Sätzen wie „Ich wechsle nur aus, wenn sich einer ein Bein bricht"[343] oder „Der Schiri kann froh sein, dass ich ihm keine geschmiert habe"[344] schuf er sich vor allem als Trainer von 1860 München das Image des knallharten Typen. Auch in Sachen Nächstenliebe versteht Lorant offenbar keinen Spaß. Als sein Sohn Tobias in der Partie zwischen dem TSV Dorfen und TSV Ebersberg von einem Ebersberger Spieler hart angegangen wurde, stürmte Lorant das Feld und knöpfte sich den Übeltäter vor.[345] Wichtig ist hierbei noch zu erwähnen, dass es sich um ein Spiel der D-Jugend handelte. Der Bayerische Fußball-Verband bestrafte das beinharte Eingreifen mit einem Verweis. Lorant selbst entschuldigte sich und leitete umgehend ein Training für die D-Jugendlichen aus Dorfen und Ebersberg.[346]

Löw, Joachim „Jogi“ (03.02.1960-): Den ersten Kontakt zwischen Löw und →Jürgen Klinsmann gab es am 27. November 1982. Der damals 22-jährige Mittelfeldspieler Löw gastierte mit seinem SC Freiburg zum Zweitliga-Spiel bei den Stuttgarter Kickers, für die der 18-jährige Klinsmann im Mittelfeld auflief. Löw und Klinsmann blieben ohne Torerfolg, Stuttgart gewann das Derby mit 4:1.[347]

Als Löw am 15. Oktober 2005 als Assistenztrainer der deutschen Nationalmannschaft zusammen mit Nationalcoach Jürgen Klinsmann auf einer Autobahn bei Köln mit Tempo 134 km/h bei erlaubten 100 km/h geblitzt wurde, schob er die Schuld auf Klinsmann. „Er hatte mich wegen eines Termins angetrieben. Darum bin ich etwas schneller gefahren."[348] Den folgenden vierwöchigen Führerscheinentzug legte Löw bewusst auf die Vorbereitungszeit der Weltmeisterschaft 2006, weil er da nicht so auf ein Auto angewiesen war.[349] Sein Anwalt hatte jedoch zunächst gegen das Fahrverbot Einspruch erhoben und bat, „im Interesse des erfolgreichen Abschneidens der Fußball-Nationalmannschaft" bei der WM auf einen Entzug der Fahrerlaubnis zu verzichten.[350] Diesen Antrag lehnte das zuständige Kölner Amtsgericht jedoch ab.

Lucarelli, Cristiano (04.10.1975-) wurde 2005 für seinen Heimatverein AS Livorno mit 24 Toren in 35 Spielen Torschützenkönig in Italien. Ein Jahr später war er trotzdem nicht bei der Weltmeistermannschaft seines Landes dabei. Viele vermuten, dass Nationaltrainer Marcello Lippi ihn wegen Lucarellis politischen Aktivitäten nicht berücksichtigte.

Der Mann aus der Stadt, in der die Kommunistische Partei Italiens gegründet wurde, hat aus seiner Sympathie für die linke Sache nie einen Hehl gemacht. Er kürzte sich einmal sein Gehalt, weil er es als zuviel ansah. Sein Idol ist Che Guevara. Und er feierte seine Tore in Italien wiederholt mit einer hoch gereckten Faust, dem kommunistischen Gruß. Dafür wurde er mit 30.000 Euro bestraft.[351]

Maicon, eigentlich Maicon Douglas Sisinando (26.07.1981-) heißt nur aus Versehen so. Der Vater des brasilianischen Verteidigers wollte seinen Sohn eigentlich nach seinem Idol Michael Douglas, dem Hollywoodstar, nennen. Der für die Namensgebung zuständige Beamte verstand ihn jedoch falsch und aus „Michael“ wurde „Maicon“.[352]

Maldini, Paolo Cesare (26.06.1968-): Der Verteidiger hat seine gesamte Karriere beim AC Mailand verbracht. Der gebürtige Mailänder gewann mit dem Klub fünf Mal die Champions League bzw. deren Vorgänger, den Europapokal der Landesmeister. Als Anerkennung für seine Verdienste werden die rossoneri nach seinem Rücktritt als Profi Maldinis Trikot mit der Rückennummer 3 nie mehr vergeben. Ändern können das nur seine beiden Söhne Christian und Daniel, vorausgesetzt sie spielen irgendwann für die erste Mannschaft des Vereins.[353] Sollte das passieren, wäre nach Cesare, der dort in den fünfziger und sechziger Jahren spielte, und Paolo die dritte Generation der Maldinis im Profikader der Mailänder vertreten.

Paolo Maldini spielte 126 Mal für Italien. Das war im November 1986 freilich noch nicht abzusehen. Als er damals zu einem Lehrgang der U21-Auswahl kam, meinte sein Vater Cesare, der Trainer des Teams war: „Du wirst gegen Österreich dein Debüt geben, stell dich darauf ein, dass alle sagen werden, du spielst nur, weil du mein Sohn bist."[354] Mit der Nationalmannschaft feierte Maldini jedoch nicht so große Erfolge wie mit dem AC Mailand. 1990 gewann er bei der Weltmeisterschaft im eigenen Land Bronze, vier Jahre später bei den Titelkämpfen in den USA Silber. 1987 hingegen gewann er sogar Gold – allerdings „nur" bei der Militär-WM. „Lacht nicht, ich bin gezwungen, diesen Titel hochzuhalten. Es ist mein einziger im Dress der Squadra Azzurra", meinte Maldini einst gegenüber Journalisten.[355]

Bei der WM 1998 war Vater Cesare erneut (National-)Trainer des Sohnes. Mit Samthandschuhen hat Cesare den Junior nicht angefasst, sagte Mannschaftskollege Francesco Moriero, „weil der Trainer mit keinem anderen während des Spiels öfters schreit und schimpft als mit Paolo."[356] Italien unterlag im Viertelfinale dem späteren Weltmeister Frankreich.

Maradona, Diego Armando (30.10.1960-), einer der besten Fußballer aller Zeiten, erhielt nach eigenen Angaben im Alter von drei Jahren das schönste Geschenk seines Lebens, einen Lederball. Mit ihm in den Armen verbrachte er die anschließende Nacht.[357]

Der heutige argentinische Nationaltrainer hat mit der Iglesia Maradoniana, der Maradona-

Kirche, seine eigene Gemeinde in der Nähe von Buenos Aires, die im Herbst 2008 40.000 Mitglieder zählte. Im Oktober 2007 traute der „Fußballgott" in seiner Kirche sogar zwei mexikanische Paare. Maradona gab per Videobotschaft seinen Segen. Dennoch wollten die Paare anschließend regulär noch einmal heiraten.[358]

Maradona ist der Held unzähliger Anekdoten, besonders aus der Zeit nach 1997, als er seine aktive Karriere beendet hatte. Er überlebte Drogen- und Alkoholexzesse. Maradona wog mal 120 Kilogramm, ließ sich daraufhin den Magen verkleinern, speckte 60 Kilo ab. Er ging mit Grubenlampe und Helm zum Nachtgolf und kollabierte. Zwischenstation: Psychiatrie. Wie sagte sein Nationalmannschaftskollege →Jorge Valdano einmal: „Wir müssen ihm die Wahrheit sagen. Diego, du spielst wie ein Gott, aber du bist nur ein Mensch."[359]

Materazzi, Marco (19.08.1973-): Was hatte der Italiener zu →Zinedine Zidane im Weltmeisterschaftsfinale 2006 gesagt? Was brachte den französischen Fußball-Filigran letztlich dazu, in der Verlängerung seine Contenance zu verlieren und Materazzi einen wuchtigen Kopfstoß auf die Brust zu verpassen? Während Zidane sich bislang nicht dazu geäußert, sondern sich lediglich „bei den Kindern der Welt"[360] entschuldigt hat, brachte Materazzi sogar ein Buch mit dem treffenden Titel „Was ich wirklich zu Zidane sagte" heraus.[361] Wer in dem Werk eine Aufklärung erwartet, liest jedoch vergebens. Denn der Abwehrspieler hat ledig-

lich 249 eher spaßig gemeinte Antworten zu Papier gebracht.[362] In einem Interview mit dem italienischen Magazin „TV Sorrisi e Canzoni" hingegen lüftete Materazzi das Geheimnis. Nachdem er Zidane zunächst am Trikot gezupft hatte, habe ihm dieser gesagt, dass er das Dress nach dem Spiel haben könne.[363] Materazzi meinte daraufhin: „Ich bevorzuge deine Schwester, die Nutte."[364]

Matthäus, Lothar Herbert (21.03.1961–): Wie alle, die einmal hoch hinauswollen, war auch für ihn schon in seinen Kindertagen permanentes Training wichtig. Wenn von den Schulkumpels mal niemand Zeit zum Spielen hatte, stellte Lothar Matthäus einfach seine Mutter ins Tor.[365]

Seinen ersten Profivertrag 1979 bei Borussia Mönchengladbach erhielt Deutschlands Fußballrekordnationalspieler durch Vermittlung von →Berti Vogts, der bis zu diesem Jahr bei der Borussia spielte.[366]

Schon mit 19 Jahren wurde Matthäus 1980 Europameister. Dabei hatte er für die Zeit der Europameisterschaft schon ganz andere Pläne. Sein Mitspieler Bernhard Dietz erinnerte sich in der „Süddeutschen Zeitung", dass er im Mai 1980 Lothar weinend im Mannschaftsbus antraf. Matthäus hatte von Trainer

Jupp Derwall gerade erfahren, dass er für das Turnier nominiert worden war. Nun erklärte er Dietz gegenüber seine Tränen: „Ich hab‘ doch schon mit meiner Freundin den Urlaub gebucht.“[367]

Nach seinem Wechsel zu Inter Mailand hatte Matthäus nach eigener Aussage keine Probleme, sich in der neuen italienischen Umgebung wohl zu fühlen, denn „mein Friseur in Herzogenaurach war auch Italiener. Und Fußball ist überall gleich.“[368] Die Anpassung an Italien funktionierte sogar so gut, dass Matthäus in seiner ersten Mailänder Saison 1988/89 gleich italienischer Meister wurde.

Der „Weltfußballer“ der Jahre 1990 und 1991 war an spektakulären Elfmetern in großen Spielen beteiligt, die ihm unter anderem den Vorwurf einbrachten, sich in entscheidenden Spielen bzw. Situationen gern zu drücken oder zu versagen: 1984 verschoss Matthäus, der damals noch für Mönchengladbach spielte, gegen seinen künftigen Klub Bayern München im Elfmeterschießen des DFB-Pokals. Die Münchner gewannen. Auch sein letztes großes Finale 1999 mit den Bayern ging daneben: Wieder im Elfmeterschießen im DFB-Pokal-Endspiel hielt Bremens Torhüter Frank Rost den letzten Schuss gegen Matthäus. Bremen gewann.

Zum wichtigsten Elfmeter seiner Karriere wollte Matthäus nicht antreten: 1990 beim WM-Finale gegen Argentinien in Rom. Er hatte in der Halbzeit des Spiels wegen eines gebrochenen Stollens die Schuhe wechseln müssen und wollte jetzt mit dem neuen Schuh den Strafstoß nicht schießen. Matthäus-Kumpel →Andreas Brehme trat an und Deutschland wurde mit dem 1:0 Weltmeister.[369]

Matthews, Sir Stanley „Stan“ (01.02.1915-23.02.2000): Der legendäre englische Spieler beendete seine 33jährige Karriere als Profi erst im Alter von 50 Jahren: 1965 bei Stoke City. Er hat-

te sie 1932 bei Stoke City begonnen und kam nach einem Abstecher zum FC Blackpool zu seinem Heimatverein zurück. Genau wie der Sportsmann →Gary Lineker, der Jahrzehnte nach ihm seine große Zeit als Stürmer erlebte, wurde Matthews nie verwarnt oder vom Platz gestellt.[370]

Matthews wurde 1965 als erster Fußballer überhaupt von →Queen Elizabeth II. in den Adelsstand erhoben. Ihr Ehemann Prinz Philip soll ihn mit den Worten „Stan, Sie sind eine Legende" begrüßt haben. Die Tageszeitung „Die Welt" bezeichnete Stan Matthews im Jahr 2000 als den „Vater aller Rechtsaußen."[371]

Meier, Urs (22.01.1959-), der frühere Schiedsrichter und ehemalige ZDF-Fußballexperte, verdarb 2002 →Michael Ballack den Sprung ins WM-Endspiel. Meier zeigte Ballack im Halbfinale gegen Südkorea die gelbe Karte, Ballacks zweite in der K.O.-Runde des Turniers, die eine Sperre für das Finale bedeutete. Experten attestierten dem Schweizer für das Spiel trotz allem eine gute Leistung, und Meier lüftete das Geheimnis, warum es so gut lief: Er gab gegenüber dem Schweizer „Blick" zu, vor der Begegnung vom Spielrasen in der südkoreanischen Hauptstadt probiert zu haben: „Klar, das half mir."[372]

So souverän hatte Urs Meier sich, die Pfeife und das Spiel nicht immer im Griff. Einmal stand die Einweihung einer Sporthalle auf dem Programm und Meier genehmigte sich dabei mächtig einen, obwohl er am nächsten Tag das Aufstiegsspiel für die dritte Schweizer Liga zwischen Fislisbach und Villmergen leiten sollte. Meier ging mit Restalkohol in die Partie, die ihm phasenweise entglitt: „Ich verlor die Übersicht und übersah mehrere Handspiele im Sechzehner."[373] – so hat das Fußballmagazin „11Freunde" Meiers Worte nach dem Spiel zitiert. Nach dem Abpfiff musste sich der Schiri vor den wütenden Spielern aus Villmergen retten. Meier soll, so stand es in 11Freunde, sofort auf den Parkplatz gerannt, in seinen VW Käfer gesprungen und davongefahren sein.[374]

Dr. Merk, Markus (15.03.1962-) hat als zweiter deutscher Schiedsrichter nach →Rudi Glöckner ein großes Finale gepfiffen. Merk und sein Team sahen am 4. Juli 2004 das EM-Endspiel zwischen Portugal und Griechenland hautnah. Im Vorfeld des Finals hatten sich portugiesische Zeitungen irritiert über mögliche Verbindungen Merks zum griechischen Trainer →Otto Rehhagel gezeigt. Die Gerüchte gipfelten darin, dass der Zahnarzt Merk sogar den deutschen Coach behandelt haben sollte. Rehhagel war sauer über diese Meldungen. Er hatte lediglich gesagt, dass er Merk schon als Fünfzehnjährigen gekannt habe, als Rehhagel selbst bei den Pfälzern von Kaiserslautern spielte.[375] Der Trainer hatte im Übrigen vor dem EM-Finale nicht nur positive Erfahrungen mit Merk gemacht, denn „er war immer besonders streng zu mir. In der Bundesliga hat er mich einmal sogar auf die Tribüne geschickt."[376]

Markus Merk und sein Team waren vor dem EM-Finale 2004 für eine Neuigkeit gut. Um den Zusammenhalt zu zeigen, wie es bei den Spielern mittlerweile normal ist, legten sie sich während der Nationalhymnen nebeneinander stehend die Arme auf die Schultern.[377]

Merkel, Max (07.12.1918-28.11.2006) galt lange Jahre als der große Zampano des deutschen Fußballs. Jüngere Fans werden ihn zwar nur als „Bild"-Kolumnisten kennen, Merkel feierte aber schon in den sechziger Jahre beachtliche Erfolge als Trainer. Mit 1860 München wurde er Meister, Pokalsieger und stand mit den „Löwen" 1965 auch im Europapokalendspiel der Pokalsieger, das mit 0:2 gegen West Ham United verloren ging. In der Saison 1967/68, in der er mit dem 1. FC Nürnberg die Meisterschaft gewann, brachte ihm sein gefürchtetes loses Mundwerk eine 10.000- Mark-Strafe vom DFB ein. Im November 1967 hatte er behauptet: „Das einzig Positive in Köln ist der Geißbock, und der stinkt noch."[378]

Mertesacker, Per (29.11.1984-) arbeitete als Pfleger in einer Anstalt für geistig Behinderte auch dann weiter, nachdem er 2004 zum ersten Mal in den Kreis der deutschen Nationalspieler berufen wurde. Er spielte zu dem Zeitpunkt bei Hannover 96 und hatte sich zuvor als Neunzehnjähriger nach dem Abitur zwischen Bundeswehr und Zivildienst entscheiden müssen. Mertesacker wählte bewusst den sozialen Dienst, um zu helfen.[379]

Meyer, Hans (03.11.1942-): Wer weiß, wo es herkommt... Nürnbergs Manager Martin Bader sagte über seinen Ex-Trainer Meyer: „Misstrauen ist sein zweiter Name."

Vielleicht liegt es an seiner DDR-Biografie, dass Meyer vor allem Autoritäten misstraut. Nach der Wende 1989 hatte der Thüringer einen schweren Start im Westen, bis er zum Kulttrainer wurde. Große Angebote blieben zunächst aus. Hans Meyer nahm den Umweg über Holland und heuerte 1996 bei Twente Enschede an. Nach fünf Siegen in Folge war der Jubel der Fans so übermütig, dass sie ihn im Stadion mit „Hansi Meyer, unser Führer" – Rufen feierten. Beim Spiel darauf bat Meyer per Mikrofon die Fans, dies zu lassen.[380]

Hans Meyer war der erste Trainer aus dem Osten, der nach dem Fall der Mauer einen gesamtdeutschen Titel holen konnte: Mit dem 1. FC Nürnberg wurde er 2007 DFB-Pokalsieger.

Meyer, Peter (18.02.1940-): Am 17. Dezember 1967 spielte die deutsche Nationalmannschaft in Tirana nur 0:0 gegen Albanien und scheiterte zum ersten und einzigen Mal vorfristig in der Qualifikation zu einer Europa- oder Weltmeisterschaft. Ein Sieg hätte für das Team von Bundestrainer Helmut Schön den Einzug in das EM-Viertelfinale bedeutet. Sein Länderspieldebüt feierte an diesem Dezembertag Mittelstürmer Peter Meyer von Borussia Mönchengladbach. Er hatte nach 19 Toren in 17 Spielen bis zur Bundesliga-Winterpause den Vorzug vor →Gerd Müller erhalten. Seine Frau Erika berichtete, ihr Mann habe sich „wie ein kleines Kind"[381] auf sein erstes Länderspiel gefreut: „Immer wieder musste ich ihm den Brief mit der Einladung vorlesen."[382] Es sollte sein einziges Spiel im Nationaltrikot bleiben, denn nur wenige Wochen später, am 9. Januar 1968, brach sich der Stürmer im Training das Schien- und Wadenbein. Nach einer langen Verletzungspause konnte er deshalb 1969 nur noch einmal 45 Minuten in der Bundesliga spielen.[383]

Michels, Marinus „Rinus“ Hendrikus Jacobus (09.02.1928-03.03.2005): Der niederländische „General“ lieferte sich mit deutschen Mannschaften so manches harte Duell, aber 1992 waren ihm der DFB und →Berti Vogts zu Dank verpflichtet. Vogts hatte sich für die Streichung der gelben Karten aus der EM-Qualifikation eingesetzt und wurde dabei entscheidend von Michels unterstützt, bei dem nur ein Spieler von der Neuregelung betroffen gewesen wäre. Auch der Schwede Tommy Svensson trat für die Löschung ein, obwohl seine Schützlinge keine Qualifikation spielen mussten. Wären die Karten nicht gestrichen worden, hätten →Jürgen Kohler im Halbfinale sowie Karlheinz Riedle und Guido Buchwald im Endspiel gefehlt.[384]

Michels` Verhältnis zu den Deutschen war nicht immer positiv. Der EM-Titel 1988 gab ihm persönliche Genugtuung für die Niederlage im WM-Endspiel 1974. Der Niederländer hatte während des Zweiten Weltkriegs unter Hunger gelitten und wäre fast erfroren. Deshalb hatte er es öffentlich lange vermieden, Deutsch zu reden.[385]

Von dem Niederländer sind auch diese Sätze überliefert: „Fußball ist wie Krieg – wenn du zu lieb bist, bist du verloren!“[386]

Seine Humorlosigkeit ist legendär. Für Lachen in der Kabine soll er laut „Bild“ sogar Geldstrafen verhängt haben.[387] Als er zwischen 1980 und 1983 den 1. FC Köln trainierte, warfen ihm die Spieler in der Öffentlichkeit „unmenschliches Training“ vor. Wenigstens der Pokalsieg 1983 sprang dafür heraus.[388]

Mill, Frank (23.07.1958-) von Borussia Dortmund wurde 1990 Fußball-Weltmeister. Er wurde während des Turniers von →Franz Beckenbauer zwar nicht eingesetzt, ging aber mit einem persönlichen Triumph nach Hause: Nach dem WM-Finale gegen Argentinien gab ihm Fußball-Legende →Diego Maradona sein Trikot. Mill feixte: „Später haben sich Guido Buchwald und Lothar Matthäus gestritten, wer das richtige Maradona-Trikot hat. Dabei hängt das bei meinem Sohn Kevin eingerahmt an der Wand."[389]

Möller, Andreas (02.09.1967-): Die Länderspielkarriere des Fußball-Weltmeisters von 1990 endete bei der WM 1998 unter merkwürdigen Begleitumständen. Möller wurde nach Informationen der „Bild" beim Achtelfinale gegen Mexiko (2:1) von den eigenen Mannschaftskollegen von der Bank aus mit Rufen wie „Blinder" und „Heulsuse" bedacht (die Sprüche dementierten der DFB und Möller umgehend[390]). Seine Frau brachten die Rufe in Rage, und das wiederum bescherte der Bild eine Titelschlagzeile: „Frau Möller: Andy, komm mit nach Hause!"[391] Seine Frau Michaela reiste, wie Möller sagte, geplant vorzeitig ab und wollte nicht allein fahren, wie der Nationalspieler sie den Medien gegenüber zitierte: „Pass auf, Schatzi, am liebsten würde ich dich morgen mitnehmen."[392] Laut Möller soll sie vor allem irritiert gewesen sein, weil →Berti Vogts während des Spiels immer soviel reingerufen habe.[393]

Möllers Problem war, dass er während seiner aktiven Karriere als ewiges Talent, aber auch als Mitläufer galt, der immer dann versagte, wenn Führung von ihm gefordert wurde. Für die Hochkultur war er trotzdem interessant. Der Dichter Wiglaf Droste widmete ihm diesen Vierzeiler: „Die Frisur sieht seltsam aus/ Nach zwei Pfund Drei-Wetter-Taft/ Tapfer haben Spielerfrau/ und Frisör daran geschafft."[394]

Übrigens soll Fernsehmoderator Günther Jauch laut Spiegel der Erste gewesen sein, der Möller öffentlich als „Weichei" bezeichnet hat.[395] Dies konnte Deutschlands beliebtester Fernsehmoderator in einer kurzen Stellungnahme für das vorliegende Buch nicht bestätigen. Wer die Bezeichnung kreierte, weiß aber auch Günther Jauch nicht.

Trotz des weichen Images war Möller mit der Nationalelf nicht nur 1990 erfolgreich. Mit einem sicheren Schuss als letzter deutscher Schütze im Elfmeterschießen gegen England sicherte Möller (als Kapitän) Deutschlands Einzug ins Finale 1996. In England brachte ihm das den Ruf eines Champions ein. Vielleicht lag es auch an der Siegerpose für die Fernsehkameras danach, als Möller sich mit in die Seiten gestemmten Armen und stolzer Brust den Fans präsentierte.[396]

Im Endspiel fehlte Möller dann aber wegen einer Gelbsperre.

Moore, Sir Robert „Bobby" Frederick Chelsea (12.04.1941-24.02.1993) war Abwehspieler, Kapitän der englischen Weltmeisterelf von 1966 und wurde 1999 durch die Leser von „Sport First" zu „Englands Sportler des Jahrhunderts"[397] gekürt. Sechs Tage vor Beginn der WM 1970 in Mexiko wurde dieser Fußballheld und das Symbol für Fairness in Kolumbien verhaftet. England war Tage zuvor in der Hauptstadt Bogota zu einem Testspiel gewesen. Moore wurde nun vorgeworfen, dabei in einem

Shop im Mannschaftshotel ein Smaragd-Armband im Werte von 1.500 Dollar gestohlen zu haben. Die Verkäuferin bezeugte, beobachtet zu haben, wie Moore das Armband in seiner Anzugtasche verschwinden liess. Moores Anzug hatte zwar keine Taschen, er kam dennoch für vier Tage unter Hausarrest und durfte, als der Schwindel aufgeflogen war, seinem Team nach Mexiko zur WM hinterher reisen. Der Ladenbesitzer hatte die Verkäuferin und einen weiteren angeblichen Zeugen zu den falschen Angaben gebracht. Vermutlich wollte er von Moore Schadenersatz haben.[398]

Müller, Gerhard „Gerd" (03.11.1945-) wurde zwar 1974 mit der deutschen Nationalmannschaft Weltmeister, hatte aber während des Turniers Zeit sich aufzuregen. Der Münchner kam mit dem nicht gerade euphorischen und nörgeligen Publikum im Hamburg nicht zurecht und klagte: „Diese Hamburger sind das Letzte."[399] Auch →Franz Beckenbauer kritisierte die Zuschauer im Norden, die ihn „Bayern-Schwein" gerufen hatten.[400] Dabei hatte Deutschland in Hamburg die Vorrundenspiele gegen Chile (1:0) und gegen Australien (3:0) gewonnen. Das Klagen der Nationalspieler über die miesepetrigen Norddeutschen half nichts: Es folgte in Hamburg am 22. Juni der legendäre 0:1-K.O. der Westdeutschen gegen die DDR.

Nedved, Pavel (30.08.1972-): Der tschechische Ausnahmefußballer war Anfang des Jahres 2002 im ersten Länderspiel unter dem damals neuen Trainer →Karel Brückner nicht dabei. Die Reise sollte für Nedved nach Zypern gehen, doch der Spieler hatte seinen Pass verloren und konnte nicht mitfliegen. Die Öffentlichkeit zwischen Prag und Brno war ihm ohnehin schon persönlich böse, weil die Tschechen bei der EM 2000 und in der folgenden WM-Qualifikation gescheitert waren. Bis zum März 2004 schafften die Tschechen dann allerdings eine Serie von 20 Spielen ohne Niederlage, und die Kritik an Nedved verstummte.[401]

Tragisch war seine Verletzung im EM-Halbfinale 2004 gegen Griechenland, als Nedved vom Platz musste und bittere Tränen vergoss, weil er davon ausging, dass das Finale nun ohne ihn stattfinden würde. Aber auch seine Mannschaft schied aus. Doppelte Tragik: Im Jahr zuvor hatte Pavel Nedved mit Juventus Turin das Endspiel der Champions League erreicht, war aber nicht dabei, weil er in der Vorschlussrunde gegen Real Madrid kurz vor dem Abpfiff die Rote Karte sah. Das Endspiel seiner Turiner gegen den AC Mailand ging danach verloren. Dem Tschechen blieb für 2003 die Auszeichnung als „Europas Fußballer des Jahres"[402], als Erster aus seinem Land seit 1962. Da hatte Josef Masopust den Titel gewonnen.

Nedved wurde 1999 mit Lazio Rom der letzte Europapokalsieger der Pokalsieger und machte beim 2:1 gegen Real Mallorca auch das entscheidende Tor. Trotz der Prominenz gilt Nedved als Mann ohne Allüren. Seine Kinder heißen so wie ihre Eltern: Pavel und Ivana: „Damit es immer zwei Menschen mit unseren Namen geben wird, die sich nahe stehen."[403]

Nerlinger, Christian (21.03.1973-): Der heutige Sportdirektor bei Bayern München fiel zu Beginn seiner Karriere durch außergewöhnlich gute Laktatwerte auf: Der damalige Bayern-Trainer →Jupp Heynckes hatte Spieler aus der Amateurmannschaft mittrainieren und dann von allen die Werte nehmen lassen: Nerlinger hatte die besten Werte von allen, war fitter als die Profis, was seine Profikarriere anschob.[404]

Auch Nerlingers Vater Helmut spielte Ende der sechziger, Anfang der siebziger Jahre für den FC Bayern München.

Netzer, Günter Theodor (14.09.1944-): Während seiner Zeit bei Real Madrid, wo Netzer von 1973 bis 1976 spielte, flog der heutige ARD-Fußballexperte und Europameister von 1972 nur so aus Spaß für drei Tage nach Las Vegas, um Frank Sinatra zu sehen. Es war Sinatras erster großer Auftritt seit 20 Jahren, als Geschenk für Tina, die Tochter des Entertainers. Netzer saß am Tisch der Ehrengäste

mit Sammy Davis Jr. und Dean Martin und musste sich, weil das Konzert für das Fernsehen aufgezeichnet wurde, immer unter den Tisch ducken, um nicht erkannt zu werden.[405] Netzer sagte dazu später: „Wenn der Trainer etwas rausbekommen hätte, hätten sie mich gefeuert."[406] Sein Madrider Zimmerkollege Zoco hatte später Bilder von dem Konzert gesehen und bemerkte, einer der Ehrengäste habe wie Netzer ausgesehen. Da antwortete der Deutsche nur: „Das kann nicht sein."[407]

Am selben Abend hatte Netzer auch noch ein Konzert mit Elvis Presley gesehen, für das Frank Sinatra ihm höchstpersönlich Karten besorgt hatte.

Schon während seiner Gladbacher Zeit war Netzer ein ständiger Reisender gewesen. An so manchem Abend flog er außer der Reihe nach München zu seinem Kumpel Michael Pfleghar, dem Regisseur, um mit ihm die Nacht durchzumachen. Morgens ging es dann für Netzer mit der ersten Maschine zurück zum Flughafen Düsseldorf, um pünktlich zum 10-Uhr-Training unter Trainer Hennes Weisweiler anwesend zu sein.[408]

Noch während seiner Zeit in Mönchengladbach hatte Netzer Interessen für künstlerische Dinge neben dem Fußballfeld entwickelt. Durch seine Freundin, die Goldschmiedin Hannelore Girrulat, lernte er Maler wie Markus Lüpertz kennen. Ihm soll sogar aus dem Kreis um den großen Joseph Beuys einige Male angeboten worden sein, Professor für Bildende Kunst zu werden.[409]

Günter Netzer war sich als Fußballer seiner herausgehobenen Stellung bewusst. Die Rolle seines „Wasserträgers" im Mittelfeld, Herbert „Hacki" Wimmer, und seine eigene Leistung beschrieb er so: „Hacki Wimmer ist Alltag, ich bin Sonntag."[410]

Die Haare lässt sich Günter Netzer, wie er 2002 in einem Interview mit der Schweizer „Weltwoche" erzählte,[410a] bei einem diplomierten Damenfriseur in Zürich schneiden. Obwohl die Frisur natürlich nicht allen gefällt. Nachdem Netzer →Stefan

Effenberg nach dem für die Bayern verloren gegangenen Pokalendspiel 1999 gegen Werder Bremen in der ARD kritisiert hatte, sagte Effenberg, dass Netzer immer stänkern müsse, „das ließe sich ja schon an seiner Frisur erkennen.“[411] Etwas längere Haare als die anderen zu haben, war jahrzehntelang Netzers Markenzeichen, als ein spätes Erbe seiner Beziehung zu Hannelore Girrulat. Netzer erzählt, sie habe ihn mal gewarnt, mit kurzen Haaren „sähe ich bescheuert aus.“[412]

Auch was Autos angeht, war Günter Netzer der große Vorreiter in der Profiszene: Ein Jaguar E-Type hatte Anfang der siebziger Jahre drei prominente Profis als Besitzer. Netzer bildete den Anfang der Verbraucherkette, kaufte den englischen Edelflitzer für 26.000 D-Mark und bezeichnete ihn als „das schönste Auto der damaligen Welt”.[413] Die Liebe hielt jedoch nur ein Jahr. Dann wurde Netzer auf der Autobahn von einem Ferrari überholt, verliebte sich neu und verkaufte den Jaguar für 10.000 D-Mark an →Franz Beckenbauer[414]: „Das war ein feiner Preis, weil ich den Wagen vorher auch noch überholen ließ”, so Netzer.[415] Kaum war er das Cabriolet los, rief Beckenbauer auch schon bei ihm an und schimpfte: „Betrüger! Was ist denn das für ein Auto? Das regnet ja rein.”[416] Immerhin bekam Beckenbauer beim Weiterverkauf noch 7.500 D-Mark – und zwar von Wolfgang Overath.[417] Der Kölner investierte sogleich in seine Neuerwerbung – allerdings nicht in ein neues Dach, sondern in eine neue Farbe. Das wiederum traf Erstbesitzer Netzer hart, der inzwischen überzeugter Ferrari-Fahrer war: „Der Overath hat das Auto neu lackieren lassen – aber in einem fürchterlichen Lila. Beim ersten Anblick hätte ich fast einen Herzstillstand erlitten.”[418]

Neururer, Peter (26.04.1955-) hat als Trainer in der ersten und zweiten Fußball-Bundesliga meist nervenaufreibende Jobs bei abstiegsbedrohten Vereinen gehabt. Er war aber auch einer der großen Erneuerer in seiner Branche, weil Neururer als einer der ersten seinen Heimcomputer zur Spielerbeobachtung nutzte. Bereits in seiner Zeit als Trainer bei Schalke 04, wo er von April bis November 1989 unter Vertrag stand, begann er mit dem Aufbau einer Spielerdatenbank, wie er dem Fußballmagazin „11Freunde" erzählte: „Ich beobachtete Spiele in Deutschland und halb Europa, und während ich auf der Tribüne saß, sprach ich die Informationen auf ein Diktiergerät: Rechtsfuß oder Linksfuß, Zweikampfverhalten, Kopfballspiel, Aktionsradius. (…) So war ich immer über die Gegner im Bilde und hatte gleichzeitig einen guten Überblick über potentielle Neuverpflichtungen."[419] Zu Hause übertrug Neururer dann die Daten in seinen Computer, „ein riesiges Ding der ersten Generation", wie er heute beschreibt, „so groß wie ein Backofen."[420]

Irgendwann hatte der Trainer nach eigener Aussage 3.000 Spielerprofile im „Zweifinger-Suchverfahren"[421] abgespeichert. Als er irgendwann im Herbst 1989 wieder am Dateneingeben war, klingelte das Telefon, Neururer ging ran. Sein damals dreijähriger Sohn Jörn bemächtigte sich Papis Schreibtischstuhl, sah den blinkenden Computer und begann auf die Tastatur zu hämmern: „Er drückte und drückte und drückte und drückte immer weiter, ich stand am Telefon und dachte: `Was sind denn das für komische Geräusche da an meinem Schreibtisch?` Doch da war es schon um meine Datenbank geschehen: Jörn hatte über die Hälfte der Profile gelöscht! Die Arbeit von Wochen und Monaten – einfach futsch!"[422] Der innovative Bundesligatrainer hatte weder die Datenbank speziell geschützt noch eine Sicherheitskopie. Schutzmaßnahmen ergriff er danach.

Neururer arbeitet bis heute an der Datenbank: wieder stehen dort bis zu 3.000 Spieler drin. Sein heute 22-jähriger Sohn hilft dem Vater gern beim Vervollkommnen der Datei. Papa hat ihm die Löschaktion, so hat es Neururer in „11Freunde" erzählt, längst verziehen.[423]

Nowak, Peter (05.07.1964-): Der ehemalige Bundesliga-Spieler von Dynamo Dresden und 1860 München war 1998 einer der ersten Europäer, der in die damals gerade zwei Jahre alte amerikanische Major League Soccer wechselte. Nowak spielte für Chicago Fire und machte schnell die Erfahrung: andere Länder, andere Sitten. „Sicherlich war das Niveau anders, da habe ich von der Bundesliga profitiert und musste mich auch erst an einige Sachen gewöhnen. Wenn zum Beispiel um 13 Uhr Training war, stand ich anfangs um 13:20 Uhr immer noch alleine auf dem Platz."[424] Dennoch wurde Nowak mit Chicago gleich in seiner ersten Saison Meister. Nach seinem Karriere-Ende übernahm der Pole 2004 das Traineramt bei DC United in Washington. Und hier griff er unter anderem auf Trainingspraktiken von →Werner Lorant zurück, unter dem Nowak bei 1860 München erfolgreich gespielt hatte. „Ich habe einige Methoden von ihm in Washington übernommen, denn als ich dort anfing, herrschte Null Disziplin. Ich habe Kabinendienst eingeführt und dafür gesorgt, dass alle zu den Spielen einheitliche Trainingsanzüge tragen. Die Spieler haben schnell gelernt, wann Spaß ist und wann nicht."[425] Der Umbruch zahlte sich aus, Washington wurde 2004 US-Meister.

Olesen, Jens Tang (27.9.1947-) ist nicht zu beneiden. Der Nationaltrainer Grönlands kann von Rasenplätzen nur träumen: „Wir sind gezwungen, auf Sandplätzen zu spielen, auf denen zu allem Überfluss auch noch das Wasser steht", klagte Olesen in einem Interview mit dem Fußball-Magazin 11Freunde.[426] Zwar gibt es auf Grönland durchaus Grünland, doch das ist Vierbeinern und nicht Fußballern vorbehalten: „Einzig die Schafe haben hier Rasen zur Verfügung", so der Trainer im Nachrichtenmagazin „Der Spiegel".[427]

Erschwert wird Olesens Arbeit zudem dadurch, dass er seine Nationalspieler über viele Monate hinweg gar nicht sieht, weil Fußball spielen den Großteil des Jahres auf Grönland schlichtweg nicht möglich ist: „Ich habe sie letztmals Anfang Oktober im Trainingslager gesehen und werde sie erst wieder im Juni 2009 sehen, wenn wir wieder draußen trainieren können"[428], so Olesen Mitte Dezember 2008. Das Scouting ist für den gebürtigen Dänen hingegen weitaus unkomplizierter als für andere Nationaltrainer. Um die besten Kicker zu sehen, braucht er nur jeden Sommer bei einem zweiwöchigen Turnier in Nuuk vorbeischauen – denn da wird die Meisterschaft ausgespielt.[429]

Trotz der teilweise arktischen Arbeitsbedingungen möchte er auf keinen Fall mit seinen Kollegen in der Karibik tauschen. Denn dort, so Olesen, hätte er „nach zehn Minuten einen Sonnenbrand."[430]

Olsen, Egil (22.04.1942-) war mit seinen Mannschaften 1994 und 1998 bei den jeweiligen WM als norwegischer Nationaltrainer dabei. 1998 fiel es einigen Beobachtern auf, dass Olsen auch bei bestem Sonnenwetter immer Gummistiefel trug: Er hatte starkes Rheuma und deshalb diese Vorbeugungsmaßnahme gegen alles Feuchte ergriffen.[431]

Owomoyela, Patrick (05.11.1979-) wäre um ein Haar kein deutscher Nationalspieler geworden. Bevor er während seiner Zeit bei Arminia Bielefeld von →Jürgen Klinsmann 2004 erstmals berufen wurde, hatte er zwei Jahre zuvor überlegt, in seinen erlernten Beruf als Gas- und Wasserinstallateur (mit Gesellenprüfung) zurückzukehren, weil er in der Regionalliga bei Paderborn 07 nicht weiterkam. Als Teenager wollte er zunächst Basketballprofi werden, er spielte sogar in der Regionalliga beim TSV Stellingen. Sein Idol hieß Michael Jordan.

Bevor der DFB 2004 bei Owomoyela anklopfte, hatte sich schon Nigerias Nationaltrainer für den Bielefelder Spieler interessiert. Der Sohn eines Nigerianers und einer Deutschen fuhr nach Berlin zur Botschaft des afrikanischen Landes, um seine zweite Staatsbürgerschaft neben der deutschen zu beantragen – eine Grundvoraussetzung, um für das Land seines Vaters spielen zu können. Der Abwehrspieler war bis zu diesem Zeitpunkt dort noch nie zu Besuch gewesen. Den zweiten Pass zu bekommen, gestaltete sich aber sehr schwierig. Am 16. Dezember 2004 gab Owomoyela gegen Japan in Yokohama schließlich sein Debüt in der deutschen Fußballnationalmannschaft.[432]

Passarella, Daniel (25.05.1953-): Der argentinische Nationaltrainer machte nach der Fußball-WM 1994 klare Ansagen. Er verbot zukünftig seinen Spielern lange Haare und Ohrringe, weil er keine Schwulen und keine Frauen in seiner Mannschaft dulde. Ausgeschlossen wurde vor der WM '98 der Mittelfeldspieler Fernando Redondo von Real Madrid. Der ließ sich zwar die Haare schneiden, für ein Comeback in der Nationalelf stand er aber nicht zur Verfügung.[433]

Wegen der langen Haare verzichtete Passarella sogar dreißig Länderspiele lang auf Stürmerstar →Gabriel „Batigol" Batistuta. Auf persönlichen Druck der argentinischen Fußballlegende →Diego Maradona und weil die Haare kürzer wurden, kam Batistuta in die Nationalelf zurück und spielte auch bei der WM 1998 in Frankreich.[434] Später wollte Passarella übrigens nichts mehr davon wissen, dass er jemals einen solchen Haar-Ukas herausgegeben hatte.[435]

Auch andere Fußballgewaltige haben Probleme mit dem Haarwuchs. Der Präsident des AC Mailand, Silvio Berlusconi, sagte lästernd über die krause Mähne seines brasilianischen Spielers →Ronaldo: „Seitdem er sich die Haare wachsen lässt, ist er noch hässlicher.“[436]

Pearce, Stuart (24.04.1962-) erlebte im WM-Halbfinale 1990 ein sportliches und persönliches Drama. Chris Waddle und er konnten für England gegen Deutschland ihre Elfmeter nicht verwandeln. Für Deutschland ging es anschließend zum WM-Finale nach Rom. 1996 bei der EM im eigenen Land machte der Abwehrspieler dann seine Sache gut: Im Viertelfinale gegen Spanien und im Halbfinale wieder gegen Deutschland schoss er in den Elfmeterschießen jeweils sicher vom Punkt. Und feierte danach auf dem Platz sich selbst: „Psycho“ wurde er übrigens genannt.[437]

Weil Gareth Southgate 1996 gegen die Deutschen die Nerven flatterten und er den entscheidenden Elfmeter verschoss, schied England erneut bei einem wichtigen Turnier aus.

Pelé, eigentlich Edison Arantes do Nascimento (23.10.1940-) wäre ohne Hilfe aus dem kleinen Schottland vermutlich nicht der beste Fußballer aller Zeiten geworden. Diese These vertritt zumindest Starschauspieler →Sir Sean Connery in seiner Autobiografie „Being a Scot“. Connery stellt darin fest, dass drei Schotten am Beginn der erfolgreichen brasilianischen Fußballgeschichte stehen: Charles Miller führte den Sport 1894 in dem südamerikanischen Land ein. Archie McLean kam 1914 nach Brasilien, wo er für die Textilindustrie arbeitete. McLean hatte schon in seiner schottischen Heimat Fußball gespielt. Nun gründete er mit Landsleuten den Klub Scottish Wanderers, die mit ihrem schnellen Kurzpassspiel den bisherigen brasilianischen kick and rush-Stil revolutionierten. Die brasilianische Spielweise, die mit fünf WM-Titeln (u. a. drei mit dem Spieler Pelé) belohnt wurde, war geboren. Der dritte schottische „Entwicklungshelfer" in Sachen Fußball war Jock Hamiliton, der als Trainer für Talente in der Anfangszeit des brasilianischen Fußballs arbeitete.[438]

2006 enthüllte die „Sport-Bild", dass Pelè 1964 beinahe in die Fußball-Bundesliga zu Hannover 96 gewechselt wäre. Er war damals schon zweifacher Fußball-Weltmeister. Der Transfer scheiterte damals nur daran, dass Brasilien Wechsel seiner Spieler ins Ausland verboten hatte.[439]

Pickles: Von wegen →Geoffrey Hurst hat dafür gesorgt, dass England 1966 erstmals den Weltmeister-Titel bejubeln konnte. Zwar hatte der Stürmer beim 4:2-Finalsieg gegen Deutschland nach Verlängerung drei Tore erzielt, dennoch hätte Englands Kapitän →Bobby Moore anschließend nie den Coupe Jules Rimet in den Londoner Nachthimmel strecken können, wenn es David Corbett und dessen schwarzweiße Promenadenmischung Pickles nicht gegeben hätte. Der Vierbeiner bescherte dem Fußball-Mutterland bereits einige Wochen vor dem Endspiel in Wembley den ersten großen WM-Triumph. Aus bis heute unerfindlichen Gründen war der goldene WM-Pokal am 20. März 1966 abhanden gekommen. Die bedeutendste Trophäe des Fußballs stand im Rahmen einer Briefmarkenausstellung in einer mehrfach gesicherten Glasvitrine in der Central Hall von Westminster und wurde von nicht weniger als sechs Detektiven bewacht.[440] Als die Exposition an jenem

Sonntag des 20. März 1966 zur Mittagszeit für eine Stunde geschlossen wurde, verschwand der Cup.[441] Scotland Yard stellte seine besten Beamten für den Fall ab – vergebens. Fündig wurde indes Pickles. Als David Corbett mit seinem Hund im Garten seines Hauses in Benlah Hill Norwood, südlich von London, Gassi ging, entdeckte der Vierbeiner den in Zeitungspapier eingewickelten WM-Pokal.[442] Hund und Herrchen wurden umgehend berühmt, saßen unter anderem beim WM-Eröffnungsspiel zwischen England und Uruguay direkt neben der Ehrenloge.[443] Die FIFA hatte beide auch für die Auftaktpartie der WM 1970 nach Mexiko eingeladen.[444] Pickles konnte den Termin jedoch nicht wahrnehmen. Er hatte sich kurz zuvor bei der Jagd nach einer Katze an seiner eigenen Leine erdrosselt.[445]

Der Coupe Jules Rimet indes wurde ein zweites Mal gestohlen. Nachdem die Brasilianer die Trophäe drei Mal gewonnen hatten, durften sie den Weltpokal behalten. Diebe drangen kurz vor Weihnachten 1983 in die Räumlichkeiten des brasilianischen Fußballverbandes ein, fesselten den Hausmeister und nahmen die 30 Zentimeter große und aus 1,8 Kilogramm Gold bestehende Statue mit.[446] Zwar wurden sie 1994 während der Weltmeisterschaft gefasst, der Pokal ist jedoch bis heute verschwunden geblieben. Es wird vermutet, dass er eingeschmolzen wurde, um das Gold zu verkaufen.[447]

Prosinecki, Robert (12.1.1969-) musste erfahren, wie lebensgefährlich Fußball sein kann. Der in Schwenningen geborene Serbo-Kroate gewann 1991 mit Roter Stern Belgrad den Europacup der Landesmeister. Kurz darauf brach in Jugoslawien der Krieg aus. Prosinecki wollte in dieser konfliktreichen Zeit die Stimmung beruhigen und rief dazu auf, man solle sich auf den Fußball konzentrieren. Fanatiker schickten ihm einen Umschlag mit einer Patrone und einem Zettel: „Die nächste Kugel ist für Dich."[448]

Rahn, Helmut (16.08.1929-14.08.2003), Deutschlands legendärer Torschütze zum 3:2 beim Wunder von Bern, der nur „Boss" genannt wurde, war der erste Spieler in der Geschichte der Bundesliga, der des Feldes verwiesen wurde. Am 14. September 1963 musste Rahn im Trikot des MSV Duisburg im Spiel gegen Hertha BSC (1:3) vor Spielende den Platz verlassen. Er war von seinem Gegenspieler Harald

Beyer gefoult worden und hatte anschließend einen versöhnenden Handschlag mit ihm ausgeschlagen. Außerdem traf er mit einer ungelenken Kopfbewegung das Gesicht seines Gegners. Schiedsrichter Edgar Deuschel hatte damals noch keine Rote Karte zur Hand, um den Feldverweis auch symbolisch klarzumachen. Die Strafe wurde nur mündlich ausgesprochen. Erst seit der WM 1970 in Mexiko gibt es die Rote Karte im Weltfußball.[449]

Während seiner Zeit beim Meidericher SV verschwand der „Boss" Helmut Rahn mal für drei Tage. Er war in Enschede, wo er zuvor von 1960 bis 1963 beim SC gespielt hatte. Auf der Rückfahrt entdeckte der Zoll Kaffeebohnen in Rahns Kofferraum. Der damals 34jä-hrige Rahn soll erklärt haben: „Das ist Futter für meine Kaninchen."[450]

Rangnick, Ralf (29.06.1958-) war schon als Kind motiviert und wollte immer gewinnen. Als er bei Mensch-ärgere-Dich-nicht gegen seinen Ur-Opa verlor, warf er dem Mann ein rotes Spielzeug-Feuerwehrauto an den Kopf. So hat es der Trainer der TSG Hoffenheim selbst zugegeben.[451]

Rehhagel, Otto (09.08.1938-): Der Trainer, der beim TUS Helene in Essen einst mit dem Fußballspielen anfing, ist mit 820 Spielen Bundesliga-Rekordtrainer und feierte am 4. Juli 2004 mit den „Hellenen" genannten Griechen seinen größten internationalen Erfolg, als er mit ihnen völlig überraschend Europameister wurde. Es war auf den Tag genau fünfzig Jahre nach dem →„Wunder von Bern", dem ersten WM-Sieg der deutschen Fußballnationalmannschaft 1954 und 38 Tage vor Eröffnung der Olympischen Spiele in der griechischen Hauptstadt Athen. Die Siegesfeier mit der Mannschaft stand nach dem EM-Sieg Griechenlands im historischen Panathinaikos-Stadion auf dem Programm, in dem 1896 die ersten Olympischen Spiele der Neuzeit stattgefunden hatten.[452]

Otto Rehhagel gewann als erster ausländischer Trainer bei EM und WM mit einer Mannschaft den Titel. Es war der erste Auslandsjob des Deutschen.

1952 spielte Rehhagel als B-Jugendlicher beim damaligen Drittligisten TUS Helene in Essen. Helene hieß die Zeche nebenan, wo der spätere Erfolgstrainer als Maler und Anstreicher in die Lehre ging.[453] Mit Hertha BSC war Rehhagel 1963 am Gründungsspieltag der Fußball-Bundesliga dabei.

Journalisten waren für Rehhagel immer ein rotes Tuch, mit merkwürdigen Konsequenzen. Als der Bundesligatrainer einmal ankündigte, auf einer Pressekonferenz nur Fachfragen beantworten zu wollen, stellte ein Reporter eine solche: „Ich muss morgen das Kinderzimmer meiner Tochter neu streichen. Welche Dispersions-Farbe würden Sie mir empfehlen?“[454]

Während seiner Zeit als Trainer des 1. FC Kaiserslautern sagte er einmal zu einem Radiojournalisten (was von seiner Seite aus witzig gemeint sein sollte): „Knie nieder, dann spreche ich in dein Mikrophon.“[455]

Reif, Marcel (27.11.1949-) gab der Schweriner Volkszeitung vor der Fußball-EM 1992 in Schweden ein Interview. Darin wurde er von Ralf Herbst gefragt, wie intensiv er sich auf die Spiele vorbereitet, die er im Fernsehen kommentiert: „Schwierig wird es, wenn z. B. die Nationalhymne nicht gefunden wird oder das Flutlicht ausfällt. Dann muss man einigermaßen ‚besattelt‘ sein. Das Material zu sammeln, dazu braucht es im Vorfeld sicherlich eine Woche und vor Ort immer den gesamten Tag vor dem Spiel."[456]

Spätestens sechs Jahre später machte sich die Vorbereitung bezahlt: Reif und Günther Jauch mussten 76 Minuten überbrücken, als vor dem legendären Champions-League-Spiel Real Madrid gegen Borussia Dortmund das Tor zusammenbrach und die beiden Fernsehmänner für ihren Kommentar den Grimme-Preis erhielten.

Ribbeck, Erich (13.06.1937-): „Sir Erichs" größter Triumph als Trainer war 1988 der Gewinn des UEFA-Pokals mit Bayer Leverkusen gegen Espanyol Barcelona. Nachdem er Anfang der achtziger Jahre schon als Assistent von Jupp Derwall bei der Nationalmannschaft gearbeitet hatte, verpflichtete der DFB Ribbeck 1998 als Nachfolger von →Berti Vogts als Bundestrainer. Viele namhafte Kandidaten hatten damals abgesagt und Ribbeck analysierte seine Situation mit Augenzwinkern: „Wenn alle Namen stimmen, die nach Berti Vogts und vor mir mit diesem Posten in Verbindung gebracht wurden, dann war ich wohl eher nur siebte Wahl."[457]

Die EM 2000 in Belgien und den Niederlanden als Höhepunkt der Ära Ribbeck endete aus deutscher Sicht nach einem Unentschieden gegen Rumänien und zwei Niederlagen gegen England und Portugal mit dem Ausscheiden nach der Vorrunde. Deutschland präsentierte sich mit katastrophal schlechtem Fußball. Der von Ribbeck zurückgeholte →Lothar Matthäus sorgte in der Mannschaft für Unruhe. Schon im EM-Trainingslager hatte es eine Spielerrevolte gegeben, bei der Teile der Nationalmannschaft versuchten, Ribbeck als Trainer loszuwerden. Assistent →Uli Stielike wurde kurz vor der EM entlassen und durch →Horst Hrubesch ersetzt.

Markus Babbel, dem Europameister von 1996, wurde nachgesagt, einer der Wortführer beim geplanten Anti-Ribbeck-Putsch gewesen zu sein. Das dementiert Babbel, sagt aber: „Mein einziger wirklich großer Fehler in der Karriere war, nicht vor dieser EM zurückgetreten zu sein. Es war eine völlige Katastrophe, und ich hätte einfach vorher auf mein Bauchgefühl hören sollen.“[458] Nach der EM 2000 wurde →Rudi Völler neuer Teamchef der Nationalmannschaft. Christoph Daums Haarspaltereien mit dem Kokain beendeten eigene Ambitionen auf das vielleicht wichtigste Amt im deutschen Fußball.

Ricardo, eigentlich Ricardo Alexandre Martins Soares Pereira (11.02.1976-) war bei der Fußball-EM 2004 für seine portugiesischen Landsleute einer der großen Helden. Beim Stand von 5:5 im Elfmeterschießen gegen England zog der Torhüter seine Handschuhe aus und hielt den Schuss von Vassell mit bloßen Händen. Anschließend verwandelte er seinen eigenen Strafstoß, und Portugal stand im Halbfinale des Turniers im eigenen Land.

Im WM-Viertelfinale 2006 gegen England hielt Ricardo sogar drei Elfmeter und sicherte so seiner Mannschaft das Weiterkommen.

Romanzew, Oleg (04.01.1954-): Es muss nicht immer „haute cuisine“ sein. Das dachte sich der russische Nationaltrainer vor der Fußball-EM 1996 in England. Damit es den Spielern wirklich so schmeckt wie zu Hause ließ er etwas Eigenes auf die Insel mitnehmen. Statt des französischen Chefs[459] der Hotelküche stand nun die Kantinenchefin Anna aus der Sportschule von Spartak Moskau bei der Zubereitung der Mannschaftskost am Herd.[460]

Romário, eigentlich Romário de Souza Faria (29.01.1966-): Seine Haare sorgten bei dem brasilianischen Weltmeister von 1994 fürs vorzeitige Ende der Karriere. Der 41jährige, der zuletzt in seiner Heimat für Vasco da Gama spielte, war im Oktober 2007 positiv auf Doping getestet und für vier Monate gesperrt worden. Er habe zur Vermeidung von Haarausfall die Substanz Finasterid benutzt, entschuldigte sich der Spieler. Romario beteuerte, das Mittel nur wegen der Haarprobleme genommen zu haben: Finasterid kann aber die Einnahme anderer Dopingsubstanzen, wie beispielsweise Anabolika, verschleiern. Im Jahr 2005 war Nemanja Vucicevic von 1860 München ebenfalls mit Finasterid erwischt und anschließend für sechs Monate gesperrt worden.[461]

Ronaldinho, eigentlich Ronaldo de Assis Moreira (21.03.1980-) wurde 2002 mit der brasilianischen Fußballnationalmannschaft Weltmeister. Ronaldinho spielte damals noch für Paris St. Germain. Während der WM-Tage 2002 enthüllte eine Nackttänzerin in der britischen „Sun“ Ronaldinhos Vielseitigkeit insofern, als dass er sie in einem Pariser Hotel in einer Nacht acht Mal hintereinander geliebt haben soll.[462]

Ronaldo, eigentlich Luiz Nazario de Lima (22.09.1976-): Seine Eltern ließen sich bei dem Namen für ihren Sprössling vom Arzt in der Geburtsklinik inspirieren. Sein Name war Ronaldo gewesen.[463] Ronaldos im Jahre 2000 geborener erster Sohn heißt Ronald.

Für den Brasilianer Ronaldo war der Tag des WM-Finals 1998 gegen Frankreich in Paris einer der schwärzesten seines Lebens. Vor dem Finale bekam er einen mysteriösen Anfall, musste ins Krankenhaus und spielte dann aber doch im Endspiel. Brasilien verlor 0:3. Danach gab es Gerüchte, dass der angeschlagene Spieler nur auf Druck der Sponsoren auflaufen musste, was er aber bestritt.[464]

Ronaldo, Cristiano (05.02.1985-): Warum heißt Portugals Fußballstar von Manchester United so? Seine Eltern waren große Fans des US-amerikanischen Präsidenten Ronald Reagan und haben ihren Sohn deshalb nach ihm benannt.[465]

Als Manchester United 2003 17,5 Millionen Euro für den Portugiesen zahlte, bedeutete dies Weltrekord bei der Ablösesumme für einen 18jährigen.[466]

Als Ronaldo 2009 von Mancheser nach Madrid wechselte, zahlte Real für ihn 94 Millionen Euro Ablöse – auch dies ein Rekord.

Der Portugiese ist ja für seine präzisen Freistöße bekannt. Und diese Fähigkeit teilt er mit seinem berühmten Vorgänger bei ManU: Auch →David Beckham rettete damit seiner Mannschaft so manchen Sieg. Die Perfektion kommt nicht von ungefähr: Sowohl Beckham als auch Ronaldo trainieren Freistöße immer noch extra zum üblichen Mannschaftstraining.

Rooney, Wayne (24.10.1985-): Der englische Stürmer hatte bei der EM in Portugal das Zeug dazu, ein Star zu werden. Der 18jährige schoss je zwei Tore gegen die Schweiz und Kroatien, brach sich dann aber gegen Portugal den Mittelfuss, England scheiterte in dem Spiel im Elfmeterschießen.

Rooney wird von den Fans auch wegen seiner proletarischen Herkunft geliebt. Er ist der Sohn eines Boxtrainers und einer Küchenhilfe[467] und wuchs im Liverpooler Stadtteil Croxteth auf. Selbst als er in der Profiliga zu spielen begann, verlor er nicht die Bodenhaftung: „Als ich begann, in der Premier League zu spielen, bin ich nach den Spielen nach Hause gegangen und habe mit meinen Kumpels auf der Straße gekickt."[468]

Ross, Steve (17.9.1927-20.12.1992): Der Chef des Medienkonzerns Namer Communications war in den siebziger Jahren der starke Mann im Hintergrund bei dem aufstrebenden Fußballteam Cosmos New York. Ross flippte bei den Spielen seiner Mannschaft regelmäßig aus, so dass er mit einem Gurt auf seinem Tribünensitz festgeschnallt werden musste, um nicht hinab zu stürzen.[469]

Roth, Michael Adolf (13.08.1935) ist Unternehmer und war bundesweit als Präsident des 1. FC Nürnberg bekannt. Er hat während seiner Amtszeit diverse Trainer entlassen.

Eine seiner weiteren Spezialitäten ist die Wahl seiner Anzüge, wie er 1999 der „Süddeutschen Zeitung" verriet. In jedem Anzug steckt eine winzige Karte, auf der das Datum notiert ist, wann er ihn zuletzt getragen hat. Roth will so vermeiden, einen Anzug zeitnah zu oft zu tragen.

Rummenigge, Karl-Heinz „Kalle" (25.09.1955-) war vor dem Anpfiff des Landesmeisterfinals gegen den AS St. Etienne 1976 so nervös, dass nur noch Alkohol helfen konnte: Der legendäre Bayern-Manager Robert Schwan forderte Masseur „Ritchie" Müller auf, Rummenigge ein Glas Cognac zu verabreichen. Als dies nichts half, musste Rummenigge noch eins trinken.[471] Bayern gewann das Spiel in Glasgow mit 1:0, und der Stürmer holte damit schon seinen zweiten Landesmeistertitel nach 1975.

Sacchi, Arrigo (01.04.1946-): Der italienische Fußball-Nationaltrainer wollte während seiner Amtszeit von 1991 bis 1996 immer sicher gehen, dass er wirklich die Besten des Landes um sich versammelte. Deshalb berief er in den fünf Jahren 89 Spieler in den Kader. In den USA wurden die Italiener 1994 Vize-Weltmeister, in England schieden sie bei der EM in der Vorrunde aus.[472]

Sammer, Matthias (05.09.1967-) war der erste Spieler aus der ehemaligen DDR (im Dezember 1990 beim 4:0 gegen die Schweiz) in der gesamtdeutschen Nationalelf und wurde 1996 Fußball-Europameister. Nach dem verlorenen EM-Finale gegen Dänemark 1992 konnte Sammer nicht bei der Siegerehrung dabei sein, was ihm von Bundestrainer →Berti Vogts den Vorwurf der mangelnden Höflichkeit einbrachte. Sammer jedoch saß bei der Dopingkontrolle fest: Der Spieler war während der Partie ausgewechselt worden und musste nun Wasser trinken, um seiner Pflicht nachzukommen.[473]

Sowohl als Spieler als auch als Trainer war Sammer bekannt als Hitzkopf und Motivator. Seine Karriere bekam 1992/93 einen kleinen Knick. Er wurde wegen atmosphärischer Störungen zu Vogts nicht mehr in die Nationalelf berufen, schon nach wenigen Monaten brach Sammer seine Zelte bei Inter Mailand ab und ging im Januar 1993 zu Borussia Dortmund. Es gab Gerüchte, dass Sammer in der italienischen Modemetropole keine Krawatte tragen und die Sprache nicht erlernen wollte. Er soll auch dem Bundestrainer seine Telefonnummer nicht gegeben haben.[474] Drei Jahre später war der Ärger verflogen. Vogts lobte nach dem EM-Sieg 1996 seine Mannschaft und als Einzelspieler ausdrücklich Matthias Sammer.[475] Im Jahr darauf gewann der gebürtige Dresdner mit Borussia Dortmund die Champions League.

Sanon, Emmanuel „Manno" (25.06.1951–21.02.2008): „Emmanuel Sanon, ein kräftig gebauter und temperamentvoller Stürmer aus Port-au-Prince, hat das geschafft, was einige der größten Spieler der Welt gegen Zoff in dessen zwölf vorangegangenen Spielen für Italien vergebens versucht haben", schrieb Hugh McIlvanney von der britischen Zeitung „The Observer" über „Manno" Sanon.[476]

Der hatte mit seinen Toren bereits in der Qualifikation maßgeblich dazu beigetragen, dass Haiti als erstes karibisches Land an einer Weltmeisterschaft teilnahm und sich für die Titelkämpfe 1974 in Deutschland qualifizierte. Im ersten Gruppenspiel der WM spielte Haiti in München gegen Vizeweltmeister Italien, dessen Torhüter →Dino Zoff bis zu diesem Zeitpunkt zwölf Partien ohne Gegentor geblieben war. „Jeder hat gefragt, wer Dino Zoff bezwingen kann. Die Zeitungen haben europäische und südamerikanische Namen erwähnt, aber niemand dachte, dass es jemand aus Haiti sein würde. Das hat mich aufgeregt, denn ich wusste, dass ich es schaffen kann", sagte Sanon.[477] Und er ließ Taten folgen. In der 47. Minute schoss der bis dahin unbekannte Angreifer das 1:0 für Haiti. „So schnell wie ich bin, darf man nicht nur einen Verteidiger gegen mich stellen. Aber genau das hat Italien gemacht. Ich war im 1:1-Duell mit Spinosi (…) und bin ihm einfach davongelaufen", erinnerte sich Sanon oft an den größten Moment seiner Karriere.[478] Für Zoff war es nach 1142 Minuten das erste Gegentor.[479]

Italien gewann letztlich mit 3:1 und Haiti fuhr mit drei Niederlagen und 2:14 Toren heim. Den zweiten WM-Treffer erzielte auch Sanon – bei der 1:4-Niederlage gegen Argentinien. Als Emmanuel Sanon am 21. Februar 2008 an Krebs starb, ordnete Premierminister Jacques Edouard Alexis Staatstrauer an. Sanon habe etwas ganz Großes in der Sportgeschichte Haitis geleistet, so Alexis.[480]

Sassen, Andreas (14.01.1968 – 17.10.2004): Der ehemalige Bundesliga-Profi (u. a. bei Bayer Uerdingen und beim HSV) war vor allem wegen seiner Alkohol-Eskapaden bekannt. Wie der „Tagesspiegel“ berichtet, sei Sassen einmal nach einer Kneipentour mit →Mario Basler am Steuer seines Wagens von der Polizei angehalten worden. Als die Beamten einen Atem-Alkoholwert von 1,6 Promille feststellten, soll Sassen entgegnet haben: „Den Führerschein können Sie mir nicht abnehmen. Ich habe gar keinen.“[481]

Schaaf, Thomas (30.04.1961-) neigte als Trainer von Werder Bremen schon mal zu besonderen Erziehungsmaßnahmen, wenn es in seiner Mannschaft nicht lief. Während der Saison 2000/01 gab es ein Spiel in Rostock, bei dem Mladen Kristajic dem Hanseaten Victor Agali in den Magen schlug, Stürmer Rade Bogdanovic handelte sich wegen Spuckens eine Sperre ein, und Werder stand auf dem 16. Tabellenplatz. In einem Nachholspiel danach in Unterhaching mussten alle verletzten oder gesperrten Spieler mitfahren: Sie durften im Fanblock des SV Werder Platz nehmen und sich von dort frierend das Spiel anschauen.[482]

Schlaudraff, Jan (18.7.1983-): →Franz Beckenbauer hat es mit dem kultigen „Gute Freunde kann niemand trennen“ vorgemacht. Während seiner Zeit bei den Bayern trat Schlaudraff in die Fußstapfen seines Vereinspräsidenten. Auf dem 2007er Album von Reinhard Mey, „Bunter Hund“, hat der Spieler für einen Song im Hintergrund in einem Chor mitgesungen. Im Gegensatz zum „Kaiser“ trat Schlaudraff bei seiner Musikproduktion aber letztlich wenig in Erscheinung: „Da ist so viel dran rumgemurkst worden, man hört mich nicht raus, keine Sorge.“[483]

Schlindwein, Dieter (7.2.1961): Der knallharte Defensivmann, der in der Bundesliga unter anderem für Eintracht Frankfurt und Waldhof Mannheim spielte, wurde „Eisen-Dieter" genannt. Er hielt im Übrigen auch nichts von political correctness. So war Schlindwein Auslöser eines Skandals, als er Leo Manzi, seinen brasilianischen Mitspieler beim FC St. Pauli, als „schwarze Sau" titulierte.[484]

Schneider, Bernd (17.11.1973-) spielte bei der WM 2002 sehr stark, einige Kritiker sagten sogar „brasilianisch", unter anderem auch im Endspiel gegen Brasilien.

Im Finale der Fußball-WM 1986 zwischen Deutschland und Argentinien fand Schneider die Südamerikaner „eigentlich (…) besser", sagte er der „Berliner Zeitung", vor allem wegen Maradona.[485] Der zwölfjährige Schneider spielte damals für Carl Zeiss Jena. Weil er schon als junger Spieler so gut austricksen, also „ausschnicksen" konnte, wurde er „Schnix" genannt.[486]

Scholl, Mehmet (16.10.1970-): Scholl, der einer der letzten deutschen Straßenfußballer war, bezeichnete es als seinen größten Erfolg, im Haifischbecken der Fußball-Bundesliga nicht gefressen worden zu sein.[487]

Als er 1992 zum FC Bayern kam, teilte er ein Zimmer mit →Olaf Thon. Als der ihn einmal fragte: „Was wünschst Du Dir zum Geburtstag?" antwortete Scholl: „Mach doch bitte Deinen Schnauz weg. Das sieht echt blöd aus!"[488]

Eine weitere Kostprobe von Scholls Humor ging in Richtung des Vereinsmanagers: Im Jahrbuch der Münchner sagte er, für das nächste Leben strebe er an, „Hund bei Uli Hoeneß" zu werden.[489]

Scholl feierte mit dem FC Bayern große Erfolge, war aber nie bei einer WM dabei.

1996 wurde er in England Europameister, bei der EM 2000 erzielte Mehmet Scholl das einzige deutsche Tor im Wettbewerb.

Schröder, Gerhard (07.04.1944-), der zu seinen aktiven Zeiten „Acker" genannt wurde, musste sich während der Fußball-WM 2002 von einer spanischen Zeitung als „Hooligan" beschimpfen lassen. „El Mundo" fand Schröders Fußballbegeisterung während des 1:0-Sieges seiner Mannschaft zu heftig. Die Zeitung bemerkte: „Der Kanzler verließ beim EU-Gipfel in Sevilla eine Schlüsselsitzung, nur um sich das Spiel Deutschland gegen die USA anzusehen. (...) Schröder scheute auch nicht davor zurück, beim Siegtor der Deutschen aufzujubeln wie ein echter Fan aus der Fankurve."[502]

Schumacher, Harald Anton „Toni" (06.03.1954-): Mit seinem eigentlichen Vornamen Harald wurde Schumacher nur die ersten 19 Jahre seines Lebens angesprochen. Seit seinem Wechsel im Sommer 1972 von Schwarz-Weiß Düren zum 1. FC Köln heißt Harald nur noch „Toni" Schumacher. Zum einen gab es in der Mannschaft mit Verteidiger Harald Konopka bereits einen Harald. Zum anderen spielte von 1960 bis 1968 bereits ein Anton „Toni" Schumacher im Tor des 1. FC Köln. Deshalb entschied Mitspieler Heinz Simmet, dass ein Schumacher im Tor des Klubs nur „Toni" heißen könne.[490] Zudem bot sich dieser Spitzname an, da Schumachers zweiter Vorname ohnehin Anton ist.

Dass er letztlich das Tor hütete, führte der langjährige Schlussmann der deutschen Nationalmannschaft übrigens auf seine X-Beine zurück. „Ich war gebaut wie eine Colaflasche."[491]

Sein schweres Foul an Patrick Battiston während der WM 1982 brachte Schumacher zweifelhaften Ruhm ein, auch aufgrund seiner Aussage danach, dem Franzosen gern die Jacketkronen zahlen zu wollen. In einer Umfrage, bei der nach dem verhasstesten Deutschen gefragt wurde, kürten ihn die Franzosen zur Nummer 1, vor Adolf Hitler.[492]

Das kölsche Idol Schumacher verlor als Torwart mit der Nationalmannschaft zwei WM-Endspiele (1982, 1986), rekordverdächtig endete später auch eine seiner Etappen als Trainer: Beim Zweitligisten Fortuna Köln wurde der glücklose Toni vom legendären Präsidenten Jean Löring in der Halbzeitpause gefeuert. Der Präsident begründete seine Entscheidung in der Saison 1999/2000 während des Spiels gegen Waldhof Mannheim: „Ich bin so traurig. Wenn ich nicht aufpasse, dann fange ich an zu heulen. Wir spielen so schlecht Fußball wie vor Christi Geburt."[493] Schumacher wurde beim Stand von 0:2 entlassen, die Begegnung endete 1:5, nachdem Assistent Ralf Minge für seinen Chef eingesprungen war.

Schweinsteiger, Bastian (01.08.1984-): Als 19-jähriger nahm der Mittelfeldspieler schon an der Fußball-EM 2004 für Deutschland teil und sieht sich selbst als nervenstark. Cool sagt er: „Nervös wäre ich, wenn ich Skispringer sein müsste."[494]

Vor seiner Fußballkarriere war Schweinsteiger auch ein exzellenter Skifahrer, der oft gegen den alpinen Skirennläufer Felix Neureuther fuhr. Die Bilanz der beiden sei dabei 50:50 gewesen, so „Schweini".[495]

Scolari, Luiz Felipe (09.11.1948-) wurde mit Brasilien in Japan 2002 als Trainer Fußball-Weltmeister. Und das, obwohl er das brasilianische Idol →Romario zu Hause gelassen hatte. Wegen dieser Entscheidung war Scolari vor der WM in der brasilianischen Öffentlichkeit starken Anfeindungen ausgesetzt. Eine Firma, die kugelsichere Autoscheiben herstellte, warb damals mit dem Spruch „Das sind die Fenster, die Scolari jetzt brauchen könnte!"[496]

Vor dem WM-Triumph gewann der Brasilianer italienischer Abstammung mit Gremio Porto Alegre und Palmeiras die Copa Libertadores, die südamerikanische Champions League. Er ist damit der südamerikanische →Ottmar Hitzfeld, der als erster Trainer zwei Mal in der europäischen Königsklasse Mannschaften zum Erfolg führte. Neben Scolari hat allerdings auch der Brasilianer Tele Santana zwei Mal die Copa Libertadores als Trainer gewonnen.

Der Brasilianer Scolari verpasste 2004 mit Portugal das Novum, nach der WM mit einer anderen Mannschaft sofort auch die EM zu gewinnen.

Auch Scolari vertraut als Trainer auf die umfassende Betreuung seiner Spieler. Im Vorfeld der Heim-EM für Portugal holte er für seine Mannschaft die Psychologin, die er auch für die Brasilianer 2002 dabei hatte, „weil ihm die Portugiesen zu traurig erschienen.“[497] Dass auch andere Tugenden neben der Fröhlichkeit für den Erfolg entscheidend sein können, bewies Scolari mit der Auswahl seiner privaten Literatur. In Asien bei der WM hatte er einen der Klassiker aus dem alten China zum philosophischen Thema „Führung“ im Gepäck: Sun-Tzi: „Die Kunst des Krieges“.[498]

Seaman, David Andrew (19.09.1963-) war mit seinem Schnauzer und am Ende auch mit Zopf zwar ein cooler Typ, aber auch ein Beispiel für die lange Serie tragischer Begebenheiten im englischen Tor. Bei der WM 2002 stand Seaman im Viertelfinale gegen Brasilien zu weit vor dem Tor, →Ronaldinho schoss einen Freistoß direkt aus über dreißig Metern, und die Südamerikaner führten 2:1. England konnte nach Hause fahren.

Schon 1995 im Europacupfinale der Pokalsieger hatte der Marokkaner Nayim von Real Saragossa Seaman quasi von der Mittellinie aus 40 Metern ähnlich genarrt. Damals verlor Arsenal London auch mit 1:2.[503]

Seeler, Uwe (05.11.1936-): Er habe seine gesamte Profikarriere beim Hamburger SV verbracht, heißt es immer. Als Neunjähriger begann Seeler beim HSV und spielte für die Norddeutschen bis zum Ende seiner Laufbahn 1972. Aufgrund seiner Treue wird er in der Hansestadt und beim HSV „Uns Uwe" genannt. Lediglich die Fans des FC St. Pauli sprechen von „Euch Uwe". 1961 versuchte ihn Inter Mailand aus seiner Heimatstadt wegzulocken und soll ihm 1,2 Millionen D-Mark geboten haben.[499] Seeler lehnte jedoch ab. Als es hingegen um vergleichsweise nichts ging, wurde er seinem HSV ein Mal untreu. Am 23. April 1978 stürmte Seeler in der irischen Liga für Celtic Cork gegen die Shamrock Rovers – wenn auch unter falschen Voraussetzungen. „Ich hab' mich überreden lassen, da mitzuspielen. Allerdings habe ich erst nach meiner Ankunft in Irland direkt am Spieltag erfahren, dass das auch noch ein Punktspiel war. Aber das war wohl zu jener Zeit möglich, wenn man das entsprechend angemeldet hat. Das Spiel endete 6:2 und ich habe beide Tore für Cork erzielt. Die wollten mich gleich dabehalten", erinnert sich Seeler.[500]

Aufgrund seiner sportlichen Leistungen und seines sozialen Engagements wurden ihm zahlreiche Ehrungen zu teil. Unter anderem hat Seeler das große Bundesverdienstkreuz verliehen bekommen. Des Weiteren ist er auch Goldener Rathausmann in Wien, Ehren-Schleusenwärter in Hamburg und sogar Ehrenkommissar der Polizei Hamburg. [501] Die Zahl seiner aufgeklärten Kriminalfälle ist jedoch nicht bekannt.

Smicer, Vladimír (24.05.1973-): Glück in der Liebe, Pech im Spiel. Diese Floskel traf auf den tschechischen Stürmer Vladimir Smicer während der Fußball-Europameisterschaft 1996 in England zu. Zwei Tage vor dem Finale gegen Deutschland im Londoner Wembleystadion flog Smicer mal schnell nach Prag, um dort seine Verlobte, Pavlina Vizkova, zu heiraten.[504] Frisch vermählt ging es für ihn direkt nach der Zeremonie zurück nach London, wo Smicer und Tschechien das Endspiel 48 Stunden später mit 1:2 nach „golden goal“ gegen die DFB-Auswahl verloren.

Sparwasser, Jürgen (04.06.1948-): Ausgerechnet der berühmteste Torschütze der DDR-Fußballgeschichte beging im Jahr vor dem Mauerfall Republikflucht. Sparwasser setzte sich im Januar 1988 bei einem Turnier in Saarbrücken von der Altherrenmannschaft des 1. FC Magdeburg ab. Im Westen arbeitete er danach als Trainer und war Vorsitzender der Vereinigung der Vertragsfußballer.

Bei der Fußball-WM 1974 hatte Sparwasser die DDR zum 1:0-Erfolg gegen die Bundesrepublik geschossen.

Stefano, Alfredo di (04.07.1926-): „In Vollendung praktiziert, ist Fußball eine Kunst – genau wie die Malerei", philosophierte di Stefano einst.[505] Er selbst sorgte oft dafür, dass Kunst im Spiel war, wenn er auf dem Rasen stand. Der ehemalige Star von Real Madrid zählt zu den besten Fußballern aller Zeiten. Dass er überhaupt für die „Königlichen" spielte, verdankte di Stefano der Hinterlistigkeit des damaligen Real-Präsidenten Santiago Berna-

beu. Der war 1953 an der Verpflichtung des gebürtigen Argentiniers ebenso brennend interessiert, wie der Klubboss des FC Barcelona, Pepe Samitier. Den Streit zwischen beiden Vereinen schlichtete der spanische Verband mit dem Urteil, dass di Stefano abwechselnd für Madrid und Barcelona spielen solle.[506] Da der Neuzugang jedoch in seiner Saison bei Real äußerst schwache Leistungen brachte, verzichteten die Katalanen vorzeitig auf di Stefanos Dienste. Was Barcelona nicht wusste: Bernabeu hatte seinem Spieler gesagt, er solle absichtlich schlecht spielen.[507]

Die wahren Qualitäten des Alfredo di Stefano bekam Barcelona dann in der Saison 1953/54 zu sehen. Gegen Madrid verlor die Mannschaft mit 0:5, di Stefano erzielte vier Tore.[508]

Während er mit Madrid fünf Mal den Europapokal der Landesmeister gewann und drei Mal Weltpokalsieger wurde, nahm der Mittelfeldstratege nie an einer Weltmeisterschaft teil. 1962 stand er zwar im Kader Spaniens, verletzte sich aber. Neben dem spanischen trug di Stefano auch die Nationaltrikots von Argentinien und Kolumbien: „Ich war eben sehr schnell, nicht nur auf dem Platz, sondern auch, was das angeht. Doch ich habe durch die Wechsel nur gelernt, fußballerisch, wie menschlich."[509]

Stein, Ulrich „Uli" (23.10.1954-) ist einer der Vertreter der Torwartgilde, die gern für sich in Anspruch nimmt, sehr eigene Köpfe hervorzubringen. So schlug er beispielsweise im HSV-Trikot dem Bayern Jürgen Wegmann 1987 im Supercupfinale ins Gesicht, weil dieser in sein Tor getroffen hatte. Stein sah daraufhin Rot, der HSV verlor das Spiel und entließ den Torhüter, der danach bei Eintracht Frankfurt anheuerte. Weil es beim Schlagerspiel Bayern gegen Frankfurt (1:0) im März 1990 nicht gut lief, wollte Trainer →Jörg Berger in der Halbzeitpause seine Männer zusätzlich motivieren. Als er durchzählte und bemerkte, dass sein Torwart fehlte, stand Berger kurz davor loszuschreien. Frankfurts Kapitän Karlheinz Körbel hat Berger beruhigt, indem er laut dem Magazin „11Freunde" zu ihm sagte: „Lass gut sein, Trainer. Der Uli raucht noch eine auf dem Klo. Der braucht das."[510] Berger ließ Stein gewähren.

Uli Stein hatte in seiner Glanzzeit das Pech, in →„Toni" Schumacher einen erstklassigen Gegner im Kampf um die Nummer 1 als Nationaltorhüter zu haben. Als es ihm bei der WM 1986 zu bunt wurde, nannte Stein den Teamchef →Franz Beckenbauer einen „Suppenkasper" und wurde daraufhin vom DFB-Präsidenten Hermann Neuberger nach Hause geschickt.

Stoitschkow, Hristo (08.02.1966-): Der bulgarische Nationalspieler war für sein exzentrisches Verhalten außerhalb des Fußballplatzes bekannt. Aber er zeigte auch ein gutes Herz: 1996 charterte er der Nationalmannschaft bei der Fußball-EM ein Flugzeug auf seine Kosten. Dem Verband hatte das Geld gefehlt.[511]

Hristo Stoitschkow zu heißen, konnte aber auch verhängnisvoll sein. Nachdem die bulgarische Nationalmannschaft bei der WM 1998 mit 1:6 an Spanien in der Vorrunde gescheitert war, griff ein bulgarischer Bauer aus dem Ort Schumen voller Wut zu einer Waffe und erschoss seinen Esel, den er „Hristo Stoitschkow" genannt hatte. So stand es in der Zeitung Trud.[512]

Stielike, Ulrich „Uli“ (15.11.1954-) ist der letzte deutsche Spieler gewesen, der bei einem großen Turnier einen Elfmeter für Deutschland verschossen hat. Stielike konnte im WM-Halbfinale gegen Frankreich 1982 den Ball nicht im Tor unterbringen. Die deutsche Mannschaft gewann das Elfmeterschießen trotzdem mit 8:7.

Sutter, Alain (22.01.1968-) und Knup, Adrian (02.07.1968-) wurden vor der Fußball-EM 1996 von Nationaltrainer →Artur Jorge aus dem Kader gestrichen. Offiziell begründete er dies aus sportlicher Sicht. Die beiden hatten wohl zu hart „aufgemuckt“: Sutter, der beim SC Freiburg spielte, hatte „vor einem Länderspiel eine Demonstration gegen die französischen Atomtests organisiert“[513], schrieb der „Kicker“. Knup (Karlsruher SC) war stark gewerkschaftlich aktiv gewesen.

Tarnat, Michael (27.10.1969-) spielte bis zu seinem 21. Lebensjahr in der Bezirksliga in Hilden bei Düsseldorf und begann parallel eine Lehre als Elektroinstallateur. Ein Redakteur der Rheinischen Post machte Willibert Kremer, der damals den MSV Duisburg trainierte, auf das Talent aufmerksam.[514] Kremer sah sich den jungen Spieler an und holte ihn zu den Zebras. Tarnat brach seine Lehre ab.[515] 2001 gewann der Profi mit dem FC Bayern München die Champions League und war in der Saison 2008/09 bei Hannover 96 mit 39 Jahren der älteste Feldspieler der Bundesliga.

Ten Cate, Henk (09.12.1954-): Der Niederländer ist Teil der erfolgreichen Suriname-Abteilung des Fußballlandes. Er wurde zwar in Amsterdam geboren, sein Opa war aber „Sohn einer echten Negersklavin“, wie er selber sagt.[516]

Ten Cate ist auch ein Paradebeispiel für das Auf und Ab einer Fußballkarriere. Er war verantwortlich für die Mannschaft von Ajax Amsterdam, Assistent von Frank Rijkaard beim FC Barcelona (2003 bis 2006) und Co-Trainer bei Chelsea London. Heute trainiert er Panathinaikos Athen. Ten Cate war aber auch Trainer beim KFC Uerdingen, mit dem er 1999 in die Fußball-Regionalliga abstieg. Ihm wurde daraufhin gekündigt.

Thon, Olaf (01.05.1966-): Der Nationalspieler, der wegen sei-

nes eloquenten Auftretens in der Öffentlichkeit „Professor" genannt wurde, war 1990 mit seinem cool geschossenen Elfmeter gegen England maßgeblich am WM-Finaleinzug der deutschen Mannschaft beteiligt. Nach dem Halbfinale von Turin, bei dem Thon von Anfang an dabei war, musste er beim Finale von Rom wieder auf der Bank Platz nehmen. Olaf Thon hatte im Vorfeld aber alles für seinen dritten WM-Einsatz in Italien getan: „Ich hab` mich zehn Zentimeter vor der Nase von Franz Beckenbauer warmgelaufen – hat nichts genützt."[517]

Auch andere Trainer waren vor der flinken Zunge Thons nicht sicher. Bei Schalke 04 analysierte Olaf Thon beispielsweise den Terminkalender des Coachs: „Jörg Berger verbringt mehr Zeit im Solarium als auf dem Trainingsplatz."[518]

Gar nicht witzig war die Szene nach dem verlorenen EM-Halbfinale 1988 gegen Holland (1:2 in Hamburg), als sich Ronald

Koeman mit Thons Trikot über den Hintern wischte. Dies sah der niederländische Spieler im Nachhinein als „Rückfall in die Pubertät."[519]

Thuram, Lilian (01.01.1972-) war Mitglied der schon jetzt legendären französischen Fußball-Nationalmannschaft mit →Zinedine Zidane und →Thierry Henry, die 1998 und 2000 große Titel gewannen. Sein damaliger Mannschaftskollege vom AC Parma, Dino Baggio, erzählte 1998 der Presse: „Thuram stinkt so nach Knoblauch, dass seine Gegner häufig die Konzentration verlieren."[520]

Toni, Luca, eigentlich Luca Toni Varchetta Delle Cave (26.5.1977-): Der italienische Stürmer, der so gern mit einer Hand über seinem Ohr herumschraubt, wenn er getroffen hat, ist wegen dieser Geste nicht überall beliebt. Vor dem Champions-League-Spiel der Bayern gegen Tonis alten Klub AC Florenz im Oktober 2008 drohte der „Fiorentina"-Geschäftsführer Mencucci ironisch: „Wenn er gegen uns trifft und so jubelt wie sonst, schneide ich sein Ohr ab.“ Toni konterte pragmatisch: „Ich spiele mit den Füßen, das wäre halb so schlimm.“[521] Das Match gegen Florenz war für Luca Toni im Alter von 31 Jahren sein erstes Champions-League-Spiel. Gegen die alten Kameraden schraubte der Italiener schließlich kein Ohr ab, sein erstes Tor in der höchsten europäischen Spielklasse erzielte Toni erst nach den Duellen gegen Florenz am 25. November 2008 beim 3:0 zu Hause gegen Steaua Bukarest. Das Schrauben am Ohr bedeutet in Tonis Heimat Modena übrigens: „Habt ihr das gesehen? Nicht einfach!“[522]

Totti, Francesco (27.9.1976-): Der italienische Fußballweltmeister von 2006 ist bei seinem Heimatverein AS Rom eine spielende Legende. Er wurde bei der Roma schon mit 21 Jahren Kapitän und 2001 italienischer Meister. Für Totti war das Lokalderby gegen Lazio Rom immer ein ganz besonderes Spiel. Nachdem er einmal ein Tor gegen Lazio erzielt hatte, lüftete er sein Trikot und zeigte den Fans den Spruch auf dem Unterhemd:

„Ich hab euch wieder aufs Klo gesetzt." Jahre später erhielt Totti ein Knöllchen. Der Polizist, offensichtlich ein Lazio-Fan, hatte darauf eine Nachricht für den Roma-Spieler hinterlassen: „Diesmal setzen wir dich drauf."[523]

Zu seinem Ruhm als Mann des Volkes hat sicherlich Tottis große soziale Ader beigetragen. Er war häufig zu Gast in Krankenhäusern, um sich nach dem Wohl der Patienten zu erkundigen. Beim Besuch der römischen Haftanstalt Rebibbia traf Totti Männer wieder, mit denen er früher in seinem Viertel auf der Straße gekickt hatte und grübelte danach: „So kann es gehen. (...) Ich bin Profi geworden, die sitzen im Knast."[524]

Zur Fußballlegende Francesco Totti gehört aber auch sein, sagen wir es mal so, Respekt vor Interviews. Aus Gesprächen mit Reportern sind von ihm sensationelle Fehlleistungen übermittelt. Einmal fragte ihn ein Journalist, wie er es als Römer mit dem Motto „Carpe Diem" halte? Totti wurde sauer und antwortete: „Was soll der Quatsch? Ich kann kein Englisch!"[525]

Trapattoni, Giovanni (17.03.1939-): Der „Maestro" zählt zu den erfolgreichsten Trainern der Welt. Dabei hätte alles auch ganz anders kommen können. Als Trapattoni 14 Jahre alt war und sein Vater verstarb, wollte er eigentlich den AC Mailand

verlassen, um Geld für den Familienhaushalt verdienen zu können. Als Fußballer kam Trapattoni auf 14.000 Lire jährlich. In einer Buchdruckerei, in der sein Bruder arbeitete, wären es 90.000 Lire gewesen.[526] Mailands Trainer Giuseppe Viani konnte ihn jedoch überreden, beim Fußball zu bleiben. Dafür sei er ihm „immer dankbar"[527], so Trapattoni.

In Deutschland wurde er bekannt und beliebt, als er am 10. März 1998 nach einer 0:1-Auswärtsniederlage seines FC Bayern München bei Schalke 04 eine Wutrede vor der Presse hielt. Dabei wurde ihm die deutsche Grammatik mehrmals zum Verhängnis. Dies räumte Trapattoni ein Jahr später als Trainer des AC Florenz gegenüber dem Spiegel ein: „Habe gesagt: Swach wie eine Flasche leer. Muß sagen: Swach wie eine leer Flasche."[528]

Trotz der sprachlichen Schwierigkeiten hat der Italiener Deutschland in guter Erinnerung behalten, spricht von einem „wundervollen Land"[529] und lobt die soziale Erziehung, die in Italien irgendwie fehle. „Wenn du in Deutschland ins Halteverbot fährst, kommt einer und sagt: He, Sie dürfen hier nicht parken, und dann fährt man woanders hin. Wenn dir das einer in Italien sagt, bleibt das Auto stehen, und der andere kriegt einen Tritt in den Arsch."[530]

Trezeguet, David (15.10.1977-) zog gleich zwei Jahre nach seiner Geburt im französischen Rouen mit seinen Eltern nach Buenos Aires um. Sein Vater ist französisch-argentinischer Abstimmung (Davids Urgroßvater war nach Südamerika ausgewandert), Davids Mutter ist Argentinierin.[531] Später wurde der Franzose mit Frankreich 1998 Welt- und im Jahre 2000 Europameister.

Der Stürmer von Juventus Turin sorgte gleich in zwei großen Endspielen für die Entscheidung. Im Finale der Europameisterschaft 2000 schoss er in der Verlängerung gegen Italien das „golden goal“ zum 2:1 und holte mit Frankreich den Titel. Sechs Jahre später verschoss Trezeguet als einziger Spieler einen Elfmeter und machte Italien so in Berlin zum Fußball-Weltmeister. Der Franzose traf den Pfosten – ausgerechnet gegen seinen Turiner Mannschaftskollegen →Gianluigi Buffon im Tor.

Für Italien bedeutete das gewonnene Elfmeterschießen das Ende eines Fluches. Von 1990 bis 1998 scheiterte die „squadra azzurra“ drei Mal hintereinander bei einer WM am Elfmeterpunkt, darunter 1994 im Finale. 2002 verlor Italien in der Verlängerung des Achtelfinals gegen Südkorea.

Türkyilmaz, Kubilay (04.03.1967-): Während der Fußball-EM 1996 hat eine Frau auf offener Straße dem Schweizer Nationalspieler mit der Faust eine runter gehauen. Grund der Attacke war ein Pasta-Werbespot des Schweizers im italienischen Fernsehen, wo er den Satz sagt: „Frauen sind nur gut für Sex und Nudelkochen.“[532]

Valdano, Jorge (04.10.1955-): Der argentinische Fußball-Weltmeister von 1986 hätte seinem Mannschaftskameraden →Diego Armando Maradona um ein Haar das Jahrhunderttor weggeschnappt. Im Viertelfinale Argentinien gegen England (2:1) traf Maradona nicht nur mit der „Hand Gottes" zum 1:0 , (es sollte eigentlich ein Kopfball sein). Sensationell in dem Spiel war der Lauf des Argentiniers, der zehn Meter hinter der Mittellinie anfing und von sechs Engländern und dem Torhüter Peter Shilton nicht gestoppt werden konnte. Unter der Dusche habe sich Maradona dann bei ihm, dem Stürmer, dafür entschuldigt, dass er das 2:0 gemacht habe, so erzählte es Valdano: „Ich wollte dir den Ball geben, aber ich habe kein Loch gefunden."[533]

Vieri, Christian (12.07.1973-): Der italienische Stürmer wurde zwar in Bologna geboren, wuchs aber größtenteils in Australien auf. Dorthin war sein Vater Roberto in den siebziger Jahren ausgewandert, um bei australischen Vereinen zu spielen. Während Christian die italienischen Farben hochhielt, stürmte sein

Bruder Massimiliano (trotzdem er bei italienischen Mannschaften spielte) für die australische Fußball-Nationalmannschaft.

Vilfort, Kim (15.11.1962-): Er schoss das 2:0 im Finale gegen Deutschland, der Däne wurde 1992 Fußball-Europameister, obwohl ihm nicht zum Jubeln zumute gewesen war. Während des Turniers in Schweden lag seine kleine Tochter mit Leukämie im Sterben. Trainer Möller-Nielsen musste Kim Vilfort zur EM-Teilnahme überreden, der Däne war vier Mal während des Turniers bei ihr in Kopenhagen.[534]

Nach dem Tod seiner Tochter nach der EM spielte Vilfort weiter, auch in der Nationalmannschaft, und wurde 1996 dafür in Dänemark mit einem „Preis für Lebensfreude" ausgezeichnet.[535]

Völler, Rudolf „Rudi" (13.04.1960-): Einer der größten deutschen Fußballhelden aller Zeiten verkrachte sich 2003 vorübergehend mit dem Idol seiner eigenen Jugend – so kann Völlers legendäre Wutrede 2003 live im Fernsehen auch gesehen werden. Als die Nationalmannschaft in der EM-Qualifikation beim Tabellenführer Island nur ein 0:0 erreicht hatte, ARD-Experte →Günter Netzer daraufhin von einem neuerlichen „Tiefpunkt" im Spiel der Elf gesprochen hatte, war Teamchef Völler wegen der Kritik der Kragen geplatzt. Aus seiner Wutrede sei hier nur „Der Günter? Was die früher

für'n Scheiß gespielt haben!" beispielhaft erwähnt. „Der Günter" war in Völlers ersten Fußballerjahren sein großes Idol. Ein „Kicker"-Starschnitt des Vorbilds hing damals lebensgroß an der Wand von Völlers Jugendzimmer, wie er in der ARD-Sendung „Legenden" im Jahr 2006 erzählte.[536] Der junge Spieler bewunderte Netzers Lebensstil, seine Aura als Rebell und ließ sich wie sein Held die Haare lang wachsen.[537]

Als der Spieler Rudi Völler 1982 von 1860 München nach Bremen wechselte, war er nach Auskunft des ehemaligen Werder-Managers Willi Lemke nur „zweite Wahl"[538]. Die Bremer hatten eigentlich Dieter Schatzschneider verpflichten wollen, der aber zu Fortuna Köln ging. Die „zweite Wahl" Rudi Völler wurde in seiner ersten Bremer Saison gleich Torschützenkönig der Bundesliga und „Fußballer des Jahres".

Der in Hanau geborene Rudi Völler bedauert es übrigens nicht, nie für den bedeutendsten deutschen Verein Bayern München gespielt zu haben: „Schade ist nur, dass ich nie für Eintracht Frankfurt gespielt habe. Ich bin 15 Kilometer von Frankfurt entfernt groß geworden. Ernsthaft davor, zur Eintracht zu wechseln, war ich zwei-, dreimal."[539]

Als Spieler holte der Fußball-Weltmeister von 1990 nie den deutschen Meistertitel.

Vogts, Hans-Hubert „Berti" (30.12.1946-): Der deutsche Verteidiger wurde 1974 Fußball-Weltmeister als Spieler und 1996 Europameister als Trainer – für ihn sicherlich die positiven Höhepunkte eines nicht einfachen Lebens, wie Axel Hacke in der „Süddeutschen Zeitung" schrieb: „Seine Eltern starben, als er zwölf war, erst die Mutter an einer Blutkrankheit, acht Monate später der Vater an seinen Herzattacken und seinem Gram. Der war Schuster gewesen und hatte dem Sohn die ersten Fußballstiefel gemacht. Als er beerdigt wurde, sagte der Pfarrer in seiner Predigt, die Eltern könnten noch leben, wäre der Junge braver gewesen – erst viele Jahre später bat er um Verzeihung dafür."[540]

Die damalige Frau von Fußball-Bundestrainer Berti Vogts, Monika, hatte wahrscheinlich großen Einfluss darauf, dass ihr Mann 1996 Stürmer →Oliver Bierhoff zur Fußball-EM 1996 mitnahm. Bei einer Venedigreise, so erzählte es Frau Vogts dem Magazin der „Süddeutschen Zeitung", bei der das Paar auch in Udine Bierhoff spielen sah, stimmten irgendwie die Begleitumstände.[541] In der Nacht nach dem Fußballspiel brannte in Venedig das legendäre Opernhaus La Fenice nieder. Monika Vogts erinnerte sich: „Es waren so schlechte Vorzeichen, und da habe ich nur gesagt: Ich würde ihn mitnehmen. Auf einen mehr oder weniger kommt`s doch nicht an."[542] An den Tipp seiner Frau musste Berti Vogts nach eigener Aussage während des Endspiels denken[543]: Bierhoff wurde im EM-Finale gegen Tschechien eingewechselt, schoss das 1:1 und sicherte den Deutschen in der Verlängerung mit seinem „golden goal", dem ersten der Fußballgeschichte bei einem großen Turnier, den Titel. Es war Vogts 75. Länderspiel als Trainer.

Walter, Friedrich „Fritz“ (31.10.1920-17.06.2002): Nach dem →„Wunder von Bern“ war der Kapitän der Weltmeistermannschaft von 1954 sauer auf die Fußballfunktionäre. Er war enttäuscht, dass der DFB ein Filmangebot für ihn als nicht seriös genug bezeichnet und seinen Auftritt als Schauspieler verboten hatte.[544] In dem Streifen sollte Walter „von verführerischen Mädchen nach Südamerika gelockt werden.“[545] Außerdem wurde er von einem freundlich auftretenden Manager genarrt, wie Arthur Heinrich schilderte: „Das erbetene und gegebene Autogramm ist die erschlichene Unterschrift unter den Transfervertrag nach Südamerika. – Fritz Walter statt in der Pfalz in Uruguay? Weil das keinesfalls sein darf, entwindet er – schon außer Landes und auf dem Weg nach Paris – dem schurkischen Latino-Manager den Vertrag, zerreißt letzteren, springt vom fahrenden Schnellzug und eilt – ins Trainingslager der deutschen Nationalmannschaft, wo er Sepp Herberger seine Rückkehr mit den historischen Worten ‚1:0 für Deutschland!‘ meldet.“[546]

Obwohl der WM-Sieg gegen Ungarn Walters größter Erfolg war, hat er nach eigenen Angaben das „Spiel seines Lebens” nicht an jenem 4. Juli 1954 im Berner Wankdorfstadion gemacht, sondern bereits neun Jahre zuvor im rumänischen Mamaros-Szigett. Im dortigen Kriegsgefangenenlager war er einer von vielen deutschen Wehrmachtsoldaten und sollte eigentlich nach Sibirien verlegt werden. Sein fußballerisches Talent bewahrte ihn jedoch davor, wie er einst in einem Interview mit dem Journalisten Hans Blickensdörfer betonte: „In einem rumänischen Gefangenenlager unter sowjetischer Kontrolle beobachtete ich ein Fußballspiel ‚Lagerpolizei gegen Lazarett.‘ Plötzlich fiel mir der Ball direkt vor die Füße. Kunstgerecht hebe ich ihn vom Zuschauerplatz aus einem Stürmer direkt in dessen Lauf. Noch mal kommt der Ball auf mich zu, und da bin ich schon auf dem Platz, mitten unter den Spielern. Sie mustern mich und fragen, ob ich denn auch ein Fußballspieler sei. Ich sage, woher ich komme, wer ich bin und dass ich in der deutschen Nationalmannschaft gespielt habe. Die Lagerpolizisten feiern mich und versprechen mir, mich nie nach Russland abtransportieren zu lassen. Eine gnädige Hand scheint in mein Leben eingegriffen zu haben."[547] Walter, dessen jüngerer Bruder Ludwig auch im Lager war, hatte Glück, denn der sowjetische Lagerkommandant Schukow galt als Fußballfan[548]: „Als der Kommandant später hört, dass Kaiserslautern von Franzosen besetzt sei, erklärt er meinen Bruder Ludwig und mich zu Franzosen und schickt uns nach Hause."[549] So kehrten Fritz und Ludwig Walter am 28. Oktober 1945 nach Kaiserslautern zurück.

Fritz Walter starb am 17. Juni 2002 während der Fußball-WM in Japan und Südkorea.

Windass, Dean (01.04.1969-): Wer mit Nachnamen übersetzt „Windarsch" heißt, an einem 1. April geboren wurde – und das auch noch in Hull, dem sind viele Probleme quasi mit in die Wiege gelegt worden. „Der Junge namens Windarsch hat vermutlich nie um Spott betteln müssen", schrieb Matthias Paskowsky, der Experte für englischen Fußball einst treffend im Fußball-Magazin „11Freunde" über Dean Windass.[550] Dessen Heimat in der englischen Grafschaft Yorkshire wird als „Hull

is dull" (Hull ist öde) verspottet – und zwar nicht nur, weil es sich so gut reimt.[551] Als die Engländer die hässlichste Stadt ihres Landes suchten, fiel die Wahl auf Hull.[552] In dieser trüben Ecke Englands ist Dean Windass seit dem 24. Mai 2008 ein Held. Da schoss der Stürmer im gehobenen Alter von 39 Jahren Hull City mit seinem Treffer zum 1:0-Sieg im Aufstiegsspiel gegen Bristol City erstmals in der 104-jährigen Klubgeschichte in die Premier League.[553] Windass' wechselvolle Karriere hatte also doch noch ein Happy End. Zunächst verdiente er sein Geld unter anderem in einer Fabrik mit dem Verpacken von tiefgefrorenen Erbsen.[554] Mit 22 Jahren debütierte Windass im Profiteam von Hull City und wurde anschließend vor allem durch zahlreiche Eskapaden außerhalb des Platzes bekannt. Er trank, outete sich als Bettnässer, verprügelte seine Ehefrau Helen und ließ selten das Mobiliar der Hotelzimmer so, wie er es vorgefunden hatte.[555] Auf dem Rasen fiel Windass in dieser Zeit nur einmal groß auf. Als er für den FC Aberdeen spielte, kassierte er in einer Partie gleich drei rote Karten. Die erste wegen Foulspiels, die zweite wegen Schiedsrichterbeleidigung und die dritte schließlich, weil er beim Gang in die Kabine die Eckfahne demolierte.[556] Ob jemand mit einer derartigen Reputation als Vorbild gelten kann, ist eher zweifelhaft. Dennoch gibt Dean Windass jungen Spielern mit auf den Weg, „immer an den eigenen Traum zu glauben und unnachgiebig an die Tür zu klopfen."[557]

Winterbottom, Mister: Vorbild für diesen Teilnehmer am legendären TV-„Dinner for One", das alljährlich ein Highlight des Silvesterabends ist, war wahrscheinlich der damalige englische Nationaltrainer Walter Winterbottom. „Butler James"-Darsteller Freddie Frinton soll persönlich den Namen vorgeschlagen haben, um Winterbottoms Abschied von der Trainerbank zu forcieren. Walter Winterbottom war zwar mit einer Amtszeit von 1946 bis 1963 der am längsten amtierende englische Nationaltrainer, aber auch der erfolgloseste, vielleicht eabgeseehen vom 2007 entlassenen Steven McClaren. [558]

Als der wahre Winterbottom gegangen war, wurde England 1966 zum ersten und einzigen Mal Fußball-Weltmeister, unter Trainer Alf Ramsey.

„Wunder von Bern“ (04.07.1954): Warum Deutschland 1954 das WM-Finale gegen Ungarn gewann? Für den damaligen rechten ungarischen Außenverteidiger Jenö Buzansky ist die Tatsache wichtig, dass die Spieler zwei Tage vor dem Finale, in der Nacht von Donnerstag auf Freitag, erst sehr spät zur Ruhe kamen, weil sie nach dem Halbfinale den Zug verpasst hatten. Mit Autos ging es ins Hotel, schlafen konnten die Ungarn erst am frühen Morgen.

In der Nacht vor dem „Wunder von Bern“ war in dem Ort, in dem die Ungarn schliefen Party angesagt. Buzansky berichtete der „Süddeutschen Zeitung“: „In Solothurn war Volksfest. Direkt vor unserem Hotel! Es haben Blaskapellen gespielt, Chöre sangen, und angeblich hat eine deutsche Brauerei Freibier spendiert. Unglücklicherweise war es noch sehr warm, so dass man die Fenster öffnen musste – bis in die Morgenstunden haben wir kein Auge zugemacht.“[560]

Außerdem wurde ein Abseitstor der Ungarn kurz vor Spielschluss nicht gegeben. Es hätte das 3:3 bedeutet und war wohl regulär gewesen, wie der deutsche Auswechselspieler Alfred-Pfaff in einem ZDF-Film zum 50jährigen Jubiläum des WM-Titels erzählte.[561]

Zaczyk, Klaus (25.05.1945-): Zaczyk war 1963 im Trikot des Karlsruher SC der jüngste Spieler beim Start der Fußball-Bundesliga. Als er später zum Hamburger SV wechselte, wurde er unter anderem 1976 Europapokalsieger. Während seiner Zeit in Hamburg sorgte der Mittelfeldmann auch außerhalb des Platzes sprichwörtlich für Schlagzeilen. Als Dortmunds Trainer Hermann Lindemann am 18. März 1970 vor dem Gastspiel beim HSV zum Frühstück kam, traute er seinen Augen nicht. Im Hamburger Hotel lagen mehrere Ausgaben der „St. Pauli-Nachrichten“ mit der Schlagzeile: „Hermann Lindemann im Bordell verhaftet.”[562] Was Lindemann nicht wusste: hinter der Aktion steckten seine Spieler Jürgen Rynio, Ferdi Heitkamp und Reinhold Wosab. Das Trio hatte sich am Vorabend auf der Reeperbahn mit Zaczyk getroffen, den Rynio aus gemeinsamen Tagen beim Karlsruher SC bestens kannte. Auf Hamburgs sündigster Meile gab es eine Druckerei, in der man die Titelseite der St. Pauli-Nachrichten mit eigenen Schlagzeilen bedrucken konnte. So ließen die Kicker ihrer Kreativität freien Lauf.[563] Die frisch gedruckten Lettern verteilten die Dortmunder Spieler dann eigens bei ihrer Rückkehr im Hotel.

Zagallo, Mario, (09.08.1931-) ist einer der erfolgreichsten Fußballtrainer der Welt. Der Brasilianer wurde als erster Mensch vier Mal Weltmeister: 1958 und 1962 als Spieler, 1970 als Trainer und 1994 als Assistenztrainer. Er wusste auch immer genau, was seine Jungs neben dem Fußballplatz so alles treiben. Nachdem seine Brasilianer 1997 ein Testspiel gegen Norwegen 2:4 verloren hatten, hielt Zagallo diese Begründung parat: „Die Spieler waren damals müde nach einem langen Tag, aber noch benommener, nachdem sie im Hotel Sex-Filme angeguckt hatten.“[564]

Zidane, Zinedine „Zizou“ (23.06.1972-): Der Kopfstoß im Fußball-WM-Finale 2006 gegen den Italiener →Marco Materazzi ist nur eine der legendären Szenen des französischen Ausnahmefußballers. Die WM in seinem Heimatland Frankreich stand für Zidane 1998 zunächst unter keinem guten Stern. Er sah im zweiten Gruppenspiel der Vorrunde gegen Saudi-Arabien die Rote Karte und musste zwei Spiele pausieren. Das Finale war dann sein Spiel: Zidane machte zwei Tore. Das war zwanzig Jahre lang keinem Spieler mehr in einem WM-Endspiel gelungen, der letzte war 1978 der Argentinier Mario Kempes gewesen. Zidanes Mannschaftskollege Petit traf noch zum 3:0 in der 90. Minute, und Frankreich war Weltmeister gegen Brasilien. In der Triumphnacht von Paris schlugen seine Landsleute Zidane prompt für einen neuen Job vor: „Zidane, Président“ wurde auf den Triumphbogen in der französischen Hauptstadt projiziert.[565]

Für Zidane bedeutete der WM-Titel 1998 Genugtuung nach drei verlorenen großen europäischen Endspielen: 1996 mit Girondins Bordeaux im UEFA-Pokal gegen die Bayern und 1997 bzw. 1998 mit Juventus Turin jeweils in der Champions League gegen Borussia Dortmund und Real Madrid.

Zinedine Zidane, die Fußballlegende mit den algerischen Wurzeln, wuchs in Marseille auf und wurde entdeckt, als →Franz Beckenbauer für das wichtigste Team vor Ort, Olympique, als Trainer und später Technischer Direktor verantwortlich war:[566] Allerdings spielte Zinedine damals am Anfang der neunziger Jahre zunächst für den AS Cannes, von dort aus wechselte er dann nach Bordeaux.

Das große Idol des Franzosen als Spieler war Michel Platini, der Europameister von 1984 und heutige UEFA-Präsident. Zidane erlebte ihn 1984 hautnah als Balljunge in seiner Heimatstadt während des 3:2-Erfolgs der Franzosen im EM-Halbfinale gegen Portugal. Da mache Platini das entscheidende Tor.[567]

Zoeggeler, Armin (04.01.1974-) benötigte trotz seiner beiden Olympiasiege die Hilfe noch prominenterer Sportler, um richtig berühmt zu werden. Nachdem er 2006 seinen Olympiasieg im Rodeln verteidigen konnte, wurde er vom italienischen Staatspräsidenten eingeladen und geehrt, zusammen mit der Fußball-Nationalmannschaft, die im gleichen Jahr Weltmeister geworden war. Zöggeler sagte danach in der „Süddeutschen Zeitung": „Nach meinem ersten Olympiasieg (...) hat man mich auf der Straße nicht erkannt (...) jetzt erkennen mich einzelne Menschen sogar in Mailand, Bergamo oder Rom."[568]

Zoff, Dino (28.02.1942-): Die italienische Torwartlegende und Weltmeister 1982 wurde zu Beginn seiner Fußballkarriere ins Tor gestellt, weil er der Kleinste in der Mannschaft war. Der Präsident von Zoffs Heimatklub Marianese im Nordosten Italiens brachte damals jeden Sonntag ein Maßband mit, um den späteren „Dino Nazionale“ zu messen: Mit 14 Jahren war Zoff 1,49 Meter groß. Dann wuchs er innerhalb von drei Jahren um 20 Zentimeter, kam schließlich auf 1,82 Meter und landete beim großen Verein seiner Heimatregion, Udinese Calcio, später dann bei Juventus Turin.[569]

Mit 40 Jahren war Dino Zoff der älteste Spieler, der jemals Fußball-Weltmeister wurde.

Hardy Grüne
Das große Buch
der deutschen Fußballvereine
AGON Sportverlag

Hardcover, 520 Seiten, ca. 500 Fotos, ca. 1.000 Vereinswappen
21,0 x 29,7 cm

ISBN 978-3-89784-362-2

Euro 39,90 / CHF 67,50

Das Autorenduo Hardy Grüne und Christian Karn bringt ein komplett neues Nachschlagewerk auf den Markt. Erstmals werden die große deutschen Fußballvereine seit 1903 nicht nur in purer Statistik vorgestellt, sondern auch ausführlich in Wort und Bild porträtiert. So werden über 100 Jahre deutsche Fußballgeschichte in mehr als 2.000 Kapiteln lebendig. Einstige Größen wie der frühere deutsche Meister VfR Mannheim oder Ex-Bundesligist 1. FC Saarbrücken finden sich Seite an Seite mit heutigen Spitzklubs vom Schlage Bayern München. Eintagsfliegen wie Ex-DDR-Oberligist Fortschritt Bischofswerda erfahren ebenso ihre Wertschätzung wie der legendäre Dorfklub SV Alsenborn.
Das Buch umfasst sämtliche Erstligaklubs seit 1933 (Gauliga, Oberliga, Bundesliga, DDR-Oberliga), alle Zweitligisten seit dem Ende des Zweiten Weltkriegs (2. Liga, Regionalliga, DDR-Liga), alle Drittligisten seit 1974 (Amateuroberliga, Regionalliga, 3. Liga) sowie alle Viertligisten seit 1994 (Regionalliga). Mit seiner enormen Datenfülle und bewährten Verlässlichkeit dient das „große Buch der deutschen Fußballvereine" als unverzichtbares Nachschlagewerk für alle Fußballfreunde. Über 1.000 Vereinswappen dokumentieren zudem den Emblemwandel der großen deutschen Fußballvereine, während mehr als 500 Bilder an große Spieler und Spiele der Klubs erinnern.

Agon Sportverlag, Frankfurter Straße 92a, 34121 Kassel
Telefon 05665-405 84 20, Fax 05665-405 84 21
info@agon-sportverlag.de
www.agon-sportverlag.de

Endnoten

[1] www.spox.com/de/sport/fussball/international/england/0801/Artikel/tony-adams-sucht-klinik-sporting-chance.html

[2] www.spox.com/de/sport/fussball/international/england/0801/Artikel/tony-adams-sucht-klinik-sporting-chance.html

[3] www.spox.com/de/sport/fussball/international/england/0801/Artikel/tony-adams-sucht-klinik-sporting-chance.html

[4] www.welt.de/sport/fussball/article2822469/Tony-Adams-hat-die-Hoelle-schon-erlebt.html

[5] www.welt.de/sport/fussball/article2822469/Tony-Adams-hat-die-Hoelle-schon-erlebt.html

[6] Selldorf, Philipp, Hüter eines Wunders, in: Süddeutsche Zeitung, Nr. 64, 17./18.3.2007, S. 39.

[7] Kneer, Christof, „Lauwarme Sachen mag ich nicht". Torwart Renè Adler über die Zuneigung des Publikums, Hausaufgaben und sein Vorbild Peter Schmeichel, in: Süddeutsche Zeitung, Nr. 239, 14.10.2008, S. 31.

[8] Selldorf, Philipp, Renè Adler. Neuer, mit Lob überschütteter Fußball-Nationaltorwart, in: Süddeutsche Zeitung, Nr. 237, 11./12.10.2008, S. 4.

[9] Kneer, Christof, „Lauwarme Sachen mag ich nicht". Torwart Renè Adler über die Zuneigung des Publikums, Hausaufgaben und sein Vorbild Peter Schmeichel, in: Süddeutsche Zeitung, Nr. 239, 14.10.2008, S. 31.

[10] Panny, Nikolaus, Freddy lebt, www.sportnet.at/channel.aspx?cid=f11317db-8029-4f77-b809-f9d4c99f3bcc&aid=735c6248-ab3d-4408-80bb-d02d0055e1d5&ArticlePage=0

[11] Freddy Adu: Das Kind mit den magischen Füßen, Sportinformationsdienst, 02.12.2003.

[12] www.kicker.de/news/fussball/intligen/startseite/artikel/358928

[13] http://www.freddyadu.com/adu/about

[14] Freddy Adu: Das Kind mit den magischen Füßen, Sportinformationsdienst, 02.12.2003

[15] Profis und Promille, /www.tagesspiegel.de/sport/;art272,2234068

[16] Griepenkerl, Kai, „Die größten Gipsköppe aller Zeiten", www.reviersport.de/39869---ex-schiri-ahlenfelder-ueber-fanta-fans-funktionaere.html

[17] Redelings, Ben, Einen pfeif ich nochmal, www.rund-magazin.de/home/news/501c4445-7c08-40f6-afaa-d906626a6343/

[18] Steinbichler, Kathrin, Die öffentliche Torfrau, in: Süddeutsche Zeitung, Nr. 247, 26.10.2007, S. 3.

[19] Oldörp, Heiko, Fußballexoten aus Guadeloupe sorgen für Überraschung beim Goldcup, in Deutschlandfunk, Sport Aktuell vom 22. Juni 2007.

[20] Oldörp, Heiko, Fußballexoten aus Guadeloupe sorgen für Überraschung beim Goldcup, in Deutschlandfunk, Sport Aktuell vom 22. Juni 2007.

[21] Burkert, Andreas/Hoeltzenbein, Klaus, „Schöne Frauen im Dirndl , sag' ich dann". Bayern-Profi Hamit Altintop über seinen Weg als Deutsch-Türke in die Bundesliga, den Islam und seine Familie in Gelsenkirchen, in: Süddeutsche Zeitung, Nr. 52, 1./2.3.2008, S. 35.

[22] www.faz.net/s/Rub50CB16F2CCB7495BBAB0A154CC647299/Doc~E59B0E274E96143B8991399B604B5BDBA~ATpl~Ecommon~Scontent.html

[23]www.faz.net/s/Rub50CB16F2CCB7495BBAB0A154CC647299/Doc~E59B0E274E96143B8991399B604B5BDBA~ATpl~Ecommon~Scontent.html

[24] www.faz.net/s/Rub50CB16F2CCB7495BBAB0A154CC647299/Doc~E59B0E274E96143B8991399B604B5BDBA~ATpl~Ecommon~Scontent.html

[25] Aumüller, Johannes, Der Querulant Andrej Sergejewitsch, in: Süddeutsche Zeitung, Nr. 236, 10.10.2008, S. 35.

[26] Selldorf, Philipp, Weltmeister im Gemeinsinn, in: Süddeutsche Zeitung, Nr. 144, 25.6.2002, S. 35.

[27] www.welt.de/print-welt/article486429/Erfinder_der_Roten_Karte.html

[28] www.welt.de/print-welt/article486429/Erfinder_der_Roten_Karte.html

[29] www.cbc.ca/sports/worldcup2006/history/events/1966.html

[30] www.cbc.ca/sports/worldcup2006/history/events/1966.html

[31] www.vol.at/news/TP:vol:Vorarlberg-Sport/artikel/sieben-minuten-veraendern-die-fussballwelt/cn/news-20080619-06324644

[32] www.welt.de/print-welt/article486429/Erfinder_der_Roten_Karte.html

[33] www.welt.de/print-welt/article486429/Erfinder_der_Roten_Karte.html

[34] Oldörp, Heiko, "Der Erfinder des Elfmeterschießens", NDR1 Radio MV vom 3. Juli 2006.

[35] Oldörp, Heiko, "Der Erfinder des Elfmeterschießens", NDR1 Radio MV vom 3. Juli 2006.

[36] Hoeltzenbein, Klaus, Der Stern leuchtet nicht mehr, in: Süddeutsche Zeitung, Nr. 246, 25.10.2007, S. 35.

[37] http://www.abendblatt.de/extra/service/944949.html?url=/ha/1987/xml/19870423xml/habxml870406_2848.xml

[38] Cáceres, Javier, Zahnarzt bohrt wieder, in: Süddeutsche Zeitung, Nr. 4, 7.1.2009, S. 29.

[39] Bernard, Andreas/Selch, Gerald, „Publikumsliebling sein – wer will das nicht?", in: Süddeutsche Zeitung-Magazin, Nr. 11, 16.3.2007, S. 48-57, 56.

[40] Zaschke, Christian, Und Le God geht niemals fort. Zu Hause ist es doch am schönsten – der Fußballer als Rückkehrer, Nestwärmer, Reisender und Heimatsucher, in: Süddeutsche Zeitung, Nr. 299, 24./25./26.12.2008, S. 33.

[41] Zaschke, Christian, Und Le God geht niemals fort. Zu Hause ist es doch am schönsten – der Fußballer als Rückkehrer, Nestwärmer, Reisender und Heimatsucher, in: Süddeutsche Zeitung, Nr. 299, 24./25./26.12.2008, S. 33.

[42] Das Phänomen will nach Hause, in: Süddeutsche Zeitung, Nr. 4, 5./6.1. 2008, S. 37.

[43] 25 Dinge über Schiedsrichter, in: 11Freunde, Nr. 86/Januar 2009, S. 62-64, 63.

[44] 25 Dinge über Schiedsrichter, in: 11Freunde, Nr. 86/Januar 2009, S. 62-64, 63.

[45] Hägele, Martin, Viele Kühe und ein Eselchen, in: Süddeutsche Zeitung, Nr. 141, 23.6.1998, S. 32.

[46] Sengling, Bettina, Aus Ruinen zum Erfolg, in: Stern, Nr. 30, 18.7.1996, S. 100-102, 102.

[47] Bauerle, Roland, Sagen Sie jetzt nichts, Herr Beckenbauer!, in: SZ-Magazin, Nr. 36, 8.9.1995, S. 10-19, 10.

[48] Brügelmann, Matthias/Jung, Herbert, Franz sollte ein Mädchen werden...und Erika heißen. Die Kaiser-Mutter wird heute 90. BILD war bei ihr am Küchentisch, in: Bild, Nr. 143, 23.6.2003, S. 14.

[49] Kistner, Thomas, Ramelson und Denilow, in: Süddeutsche Zeitung, Nr. 148, 29./30.6.2002, S. 45.

[50] Gertz, Holger, Der gefühlte Präsident, in: Süddeutsche Zeitung, Nr. 143, 24.6.2005, S. 3.

[51] Gertz, Holger, Der gefühlte Präsident, in: Süddeutsche Zeitung, Nr. 143, 24.6.2005, S. 3.

[52] Bauerle, Roland, Sagen Sie jetzt nichts, Herr Beckenbauer!, in: SZ-Magazin, Nr. 36, 8.9.1995, S. 10-19, 17.

[53] Hinko, Raimund, Krach für Deutschland. Die schönsten Skandale der National-Elf, in: Sport-Bild, Nr. 2, 6.1.1993, S. 16-18, 17.

[54] „Stimmung usw. einfach fabelhaft und fidel". Ein 19-jähriger Oberprimaner schoss das erste Tor: Wie die Geschichte der deutschen Fußball-Länderspiele vor hundert Jahren in der Schweiz begann, in: Süddeutsche Zeitung, Nr. 80, 5./6.4.2008, S. 40.

[55] Klemm, Thomas, „Brücken schlagen über Gräben von Hass und Schmerz". Schweizer halten dem DFB die Treue: Das erste Länderspiel vor 100 Jahren steht für den Beginn einer wunderbaren Fußballfreundschaft, in: Frankfurter Allgemeine Sonntagszeitung, Nr. 12, 23.3.2008, S. 19.

[56] „Stimmung usw. einfach fabelhaft und fidel". Ein 19-jähriger Oberprimaner schoss das erste Tor: Wie die Geschichte der deutschen Fußball-Länderspiele vor hundert Jahren in der Schweiz begann, in: Süddeutsche Zeitung, Nr. 80, 5./6.4.2008, S. 40.

[57] Itzel, Ralf, Ankunft des Goldesels, in: Süddeutsche Zeitung, Nr. 150, 3.7.2003, S. 27.

[58] David Beckham, in: Frankfurter Allgemeine Sonntagszeitung, Nr. 10, 11.3.2007, S. 22.

[59] Von Tolstoi nie gehört, in: DER SPIEGEL, Nr. 27, 1.7.96, S. 184f., 185.

[60] www.sueddeutsche.de/sport/831/460464/bilder/?img=17.0

[61] www.welt.de/sport/fussball/article2563116/Rueckkehr-des-Raufbolds-befluegelt-Wales.html

[62] www.welt.de/sport/fussball/article2563116/Rueckkehr-des-Raufbolds-befluegelt-Wales.html

[63] www.welt.de/sport/fussball/article2563116/Rueckkehr-des-Raufbolds-befluegelt-Wales.html

[64] www.derwesten.de/nachrichten/sport/sportgeschichte/2008/1/13/news-15778840/detail.html

[65] www.derwesten.de/nachrichten/sport/sportgeschichte/2008/1/13/news-15778840/detail.html

[66] www.derwesten.de/nachrichten/sport/sportgeschichte/2008/1/13/news-15778840/detail.html

[67] www.3sat.de/3sat.php?http://www.3sat.de/kulturzeit/lesezeit/48985/index.html

[68] www.derwesten.de/nachrichten/sport/sportgeschichte/2008/1/13/news-15778840/detail.html

[69] www.derwesten.de/nachrichten/sport/sportgeschichte/2008/1/13/news-15778840/detail.html

[70] www.exil-archiv.de/html/biografien/bensemann.htm

[71] www.exil-archiv.de/html/biografien/bensemann.htm

[72] www.derwesten.de/nachrichten/sport/sportgeschichte/2008/1/13/news-15778840/detail.html

[73] www.br-online.de/download/pdf/alpha/b/berger_joerg.pdf

[74] www.br-online.de/download/pdf/alpha/b/berger_joerg.pdf

[75] www.br-online.de/download/pdf/alpha/b/berger_joerg.pdf

[76] www.br-online.de/download/pdf/alpha/b/berger_joerg.pdf

[77] www.br-online.de/download/pdf/alpha/b/berger_joerg.pdf

[78] www.hna.de/bundesligastart/00_20090313072424_Joerg_Berger_quotAngst_hatte_ich_nur_in_zwei_M.html

[79] www.br-online.de/download/pdf/alpha/b/berger_joerg.pdf

[80] www.zeit.de/online/2009/13/berger-rezension-buch

[81] www.11freunde.de/international/118507

[82] www.11freunde.de/international/118507

[83] www.11freunde.de/international/118507

[84] www.11freunde.de/international/118507

[85] http://ateneostudentieco.italianoforum.com/anno-4-n2-a-tutto-sport-f32/intervista-all-avvocato-pasqualin-procuratore-sportivo-t6.htm

[86] Wiegand, Ralf, Die 23 – Rudi Völlers Auswahl für die Reise zur EM, in: Süddeutsche Zeitung, Nr. 131, 9./10.6.2004, S. 38.

[87] Geld und Meisjes, in: Der Spiegel, Nr. 25, 17.6.96, S.208f., 209.

[88] Kistner, Thomas, Egidius Braun, Präsident des Deutschen Fußballbunds, in: Süddeutsche Zeitung, Nr. 142, 24.6.1998, S. 4.

[89] Coenen, Jochen/ Hinko, Raimund, Schuster und Brehme. Happy-End mit Berti?, in: Sport-Bild, Nr. 1, 5.1.1994, S. 18f., 18.

[90] Hinko, Raimund, Breitner und die Bayern: `Streit war lächerlich!`, in: Sport-Bild, Nr. 17, 24.4.1996, S. 29.

[91] Hüetlin, Thomas, Wie Uli Hoeneß einen Flugzeugabsturz überlebte, in: Spiegel-Online, 22.2.2006.

[92] 25 Dinge über Real Madrid, in: 11Freunde, Nr.88/März 2009, S. 52-55, 55.

[93] Biermann, Christoph, „Wir haben viel Energie in die falschen Dinge gesteckt." Hans van Breukelen über die ewige Rivalität der Deutschen und Holländer und was beide voneinander lernen können, in: Süddeutsche Zeitung, Nr. 131, 9./10.6.2004, S. 39.

[94] Promis und Promille, www.tagesspiegel.de/sport/;art272,2234068

[95] Promis und Promille, www.tagesspiegel.de/sport/;art272,2234068

[96] Promis und Promille, www.tagesspiegel.de/sport/;art272,2234068

[97] Kirschneck, Jens, Echte Typen. Ansgar Brinkmann. Mittelfeld, in: 11Freunde, Nr. 86/Januar 2009, S. 24-41, 30.

[98] Kirschneck, Jens, Echte Typen. Ansgar Brinkmann. Mittelfeld, in: 11Freunde, Nr. 86/Januar 2009, S. 24-41, 30.

[99] Biermann, Christoph, Rezepte gibt es nur für Kuchen, in: Süddeutsche Zeitung, Nr. 149, 1.7.2004, S. 31.

[100] Schönau, Birgit, Eine Sehnsucht namens Mönchengladbach, in: Süddeutsche Zeitung, Nr. 274, 25.11.2008, S. 37.

[101] http://www.faz.net/s/RubD1D0F1D09192459CB065A583FA8A1B1C/Doc~EC33E038DE141485B8D133076C8A09FEA~ATpl~Ecommon~Scontent.html

[102] Schönau, Birgit, Eine Sehnsucht namens Mönchengladbach, in: Süddeutsche Zeitung, Nr. 274, 25.11.2008, S. 37.

[103] Georg Buschner gestorben. Unbequemer Geist, in: Süddeutsche Zeitung, Nr. 36, 13.2.2007, S. 28.

[104] http://www.dfb.de/index.php?id=501347

[105] Vomland, Vim, Nach 54 Jahren… Calmund findet das Grab seines Vaters in Vietnam, in: Bild, Nr. 36, 12.2.2008, S. 13.

[106] Cáceres, Javier, „Dieses Uuuui, wenn der Ball vorbeigeht". Josè Camacho über Fußball-Kauderwelsch bei Real Madrid, Spieler mit goldenen Bällen und den Champions-League-Gegner FC Bayern, in: Süddeutsche Zeitung, Nr. 40, 17./18.2.2007, S. 35.

[107] Honigstein, Raphael, Harder, better, faster, stronger. Die geheime Geschichte des englischen Fußballs, Köln 2006, S. 86.

[108] Honigstein, Raphael, Harder, better, faster, stronger. Die geheime Geschichte des englischen Fußballs, Köln 2006, S. 86f.

[109] http://news.bbc.co.uk/sport1/hi/football/1682501.stm

[110] Cáceres, Javier, Ein Schal für Kybele. Bernd Schuster holt mit Rekordmeister Real Madrid dramatisch und vorzeitig seinen ersten Titel in Spanien, in: Süddeutsche Zeitung, Nr. 34, 6.5.2008, S. 34.

[111] Eric Cantona versteht nur ein Wort: „Goal", in: Der Tagesspiegel, Nr. 16 393, 12.7.1998, S. 18.

[112] Eric Cantona versteht nur ein Wort: „Goal", in: Der Tagesspiegel, Nr. 16 393, 12.7.1998, S. 18.

[113] Schönau, Birgit, Zuflucht beim Zyniker, in: Süddeutsche Zeitung, Nr. 289, 15./16.12.2007, S. 36.

[114] Birkner, Oliver, Wie ein Kobold auf Ecstasy. Genua-Stürmer Cassano, in: Spiegel-Online, 18.12.2008, http://www.spiegel.de/sport/fussball/0,1518,593059,00.html

[115] Schönau, Birgit, Der Widerspenstige ist gezähmt, in: Süddeutsche Zeitung, Nr. 276, 27.11.2008, S. 36.

[116] Eichler, Christian, Goldene Hände, schwarzer Helm, in: Frankfurter Allgemeine Sonntagszeitung, Nr. 11, 18.3.2007, S. 20.

[117] Eichler, Christian, Goldene Hände, schwarzer Helm, in: Frankfurter Allgemeine Sonntagszeitung, Nr. 11, 18.3.2007, S. 20.

[118] Eichler, Christian, Goldene Hände, schwarzer Helm, in: Frankfurter Allgemeine Sonntagszeitung, Nr. 11, 18.3.2007, S. 20.

[119] Hägele, Martin, David träumt weiter, in: Süddeutsche Zeitung, Nr. 142, 23.6.2004, S. 33.

[120] Schlitzke, Tobias, Ein Mann aus Paraguay – Mehr als nur ein Torwart, www.torwart.de/Jose-Luis-Chilavert.152.0.html, 18.02.2006

[121] Schlitzke, Tobias, Ein Mann aus Paraguay – Mehr als nur ein Torwart, www.torwart.de/Jose-Luis-Chilavert.152.0.html, 18.02.2006

[122] Schlitzke, Tobias, Ein Mann aus Paraguay – Mehr als nur ein Torwart, www.torwart.de/Jose-Luis-Chilavert.152.0.html, 18.02.2006

[123] Schlitzke, Tobias, Ein Mann aus Paraguay – Mehr als nur ein Torwart, www.torwart.de/Jose-Luis-Chilavert.152.0.html, 18.02.2006

[124] Ein Typ vom dritten Jahrtausend, in: Süddeutsche Zeitung, Nr. 143, 25.6.1998, S. 35.

[125] Kistner, Thomas, Zementkopf Clemente und die traurigen Sieger, in: Süddeutsche Zeitung, Nr. 38, 26.6.1998, S. 38.

[126] Itzel, Ralf, Die Kraft der zwei Augen, in: Süddeutsche Zeitung, Nr. 149, 1.7.2004, S. 33.

[127] 25 Dinge über Schiedsrichter, in: 11Freunde, Nr. 86/Januar 2009, S. 62-64, 64.

[128] Kirschneck, Jens, Albtraum eines Sommers, in: 11Freunde, Nr. 66/Mai 2007, S. 30-41, 37.

[129] Kirschneck, Jens, Albtraum eines Sommers, in: 11Freunde, Nr. 66/Mai 2007, S. 30-41, 37.

[130] Reng, Ronald, Kurze Freude über das Silberstück, in: Süddeutsche Zeitung, Nr. 115, 21.5.1999, S. 41.

[131] Geld und Meisjes, in: Der Spiegel, Nr. 25, 17.6.96, S.208f., 208.

[132] Zaschke, Christian, Und Le God geht niemals fort. Zu Hause ist es doch am schönsten – der Fußballer als Rückkehrer, Nestwärmer, Reisender und Heimatsucher, in: Süddeutsche Zeitung, Nr. 299, 24./25./26.12.2008, S. 33.

[133] Westerheide, Dirk, Hollands Youri Mulder: „Gescheitert am Konflikt zwischen Schwarz und Weiß", in: Kicker, Nr. 54, 1.7.1996, S. 13.

[134] Ebd.

[135] Trainer Hiddink schickte Edgar Davids nach Hause, in: Kicker, Nr. 50, 17.6.1996, S. 42.

[136] Der Spiegel, Nr. 17, 23.4.2007, S. 149.

[137] www.abendblatt.de/extra/service/944949.html?url=/ha/2000/xml/20000610xml/habxml000406_21295.xml

[138] www.abendblatt.de/extra/service/944949.html?url=/ha/2000/xml/20000610xml/habxml000406_21295.xml

[139] www.abendblatt.de/extra/service/944949.html?url=/ha/2000/xml/20000610xml/habxml000406_21295.xml

[140] www.spiegel.de/sport/fussball/0,1518,597930,00.html

[141] Sperber, Rolf, 1000.Platzverweis naht: WM-Held Rahn der Erste, in: dpa, 3.4.2009.

[142] Sperber, Rolf, 1000.Platzverweis naht: WM-Held Rahn der Erste, in: dpa, 3.4.2009.

[143] www.abendblatt.de/extra/service/944949.html?url=/ha/2000/xml/20000610xml/habxml000406_21295.xml

[144] www.sueddeutsche.de/sport/773/380577/text/

[145] http://einestages.spiegel.de/external/ShowEntry/Sl_onHideNotices/S14590.html

[146] www.abendblatt.de/extra/service/944949.html?url=/ha/2000/xml/20000610xml/habxml000406_21295.xml)

[147] Italien-Trainer Donadoni. Vergleich mit dem Papst, in: Süddeutsche Zeitung, Nr. 269, 22.11.2007, S. 33.

[148] Italien-Trainer Donadoni. Vergleich mit dem Papst, in: Süddeutsche Zeitung, Nr. 269, 22.11.2007, S. 33.

[149] http://www.rp-online.de/public/article/sport/fussball/international/england/637808/Drogba-feuert-Muenze-auf-Fans.html

[150] http://www.kicker.de/news/fussball/intligen/startseite/artikel/500596/

[151] http://www.rp-online.de/public/article/sport/fussball/international/england/637808/Drogba-feuert-Muenze-auf-Fans.html

[152] Wuthenow, Bernhard, Echte Typen. Peter Ducke. Stürmer, in: 11Freunde, Nr. 86/Januar 2009, S. 24-41, 35.

[153] Wuthenow, Bernhard, Echte Typen. Peter Ducke. Stürmer, in: 11Freunde, Nr. 86/Januar 2009, S. 24-41, 35.

[154] Wuthenow, Bernhard, Echte Typen. Peter Ducke. Stürmer, in: 11Freunde, Nr. 86/Januar 2009, S. 24-41, 35.

[155] Wuthenow, Bernhard, Echte Typen. Peter Ducke. Stürmer, in: 11Freunde, Nr. 86/Januar 2009, S. 24-41, 35.

[156] „Effe" würde Laudrup heiraten, in: Schweriner Volkszeitung, 25.6.1992, S. 20.

[157] 60 Tage Pjöngjang, in: Der Spiegel Nr. 42/2008, 13.10.2008, S. 141.

[158] Selldorf, Philipp, Die Fußball-Europameisterschaften. SZ-Serie. Teil 8: England 1996. Das Tor zu den Schaltstellen der Macht, in: Süddeutsche Zeitung, Nr. 119, 24./25.5.2008, S. 36.

[159] Brinkbäumer, Klaus/Scheuring, Christoph, „Es war brutal, einfach irre". Spiegel-Gespräch. Die Nationalspieler Mehmet Scholl und Christian Ziege über modernen Fußball, in: Der Spiegel, Nr. 27, 1.7.96, S.180-183, 180.

[160] Gottschalk, Pit, Eilts: „Ich erledige eine sehr wichtige Arbeit, ohne die jede Mannschaft zusammenbricht, in: Sport-Bild, Nr. 23, 4.6.1996, S. 8.

[161] www.welt.de/print-welt/article148901/Wegbereiter_fuer_Ballack_amp_Co.html

[162] www.welt.de/print-welt/article148901/Wegbereiter_fuer_Ballack_amp_Co.html

[163] www.welt.de/print-welt/article148901/Wegbereiter_fuer_Ballack_amp_Co.html

[164] Reng, Ronald, Enkes Reflexe. Der Torhüter Robert Enke war einmal die Hoffnung der deutschen Nationalmannschaft. Heute spielt er in der zweiten spanischen Liga. Was ist passiert?, in: Die Zeit, Nr. 23, 27.5.2004, S. 68.

[165] Reng, Ronald, Sechs Gehirnhälften, in: Süddeutsche Zeitung, Nr. 141, 21.6.2002, S. 39.

[166] Tor-Rivalen, in: Sport-Bild, Nr. 35, 28.8.1996, S. 31.

[167] Kneer, Christof, Sie machen den Toni. Von den deutschen WM-Torhütern ist Fahrian der eleganteste. In der Regel aber dominiert Typ Kleiderschrank-Kahn, in: Süddeutsche Zeitung (Hrsg.), Die Fußball-Weltmeisterschaften. 1962, München 2006, S. 148-151.

[168] Fahrian, Wolfgang, „Mein schönster Geburtstag", in: Kicker, Nr. 50, 17.6.1996, S. 6.

[169] http://www.abendblatt.de/extra/service/944949.html?url=/ha/1965/xml/19651025xml/habxml651012_2554.xml

[170] Kneer, Christof, „Mal sehen, ob der Schiri genauso falsch spielt wie er pfeift". Herbert Fandel, Schiedsrichter und Konzertpianist, über Bühnenpräsenz, Rachmaninoff zu Weihnachten und die Gemeinsamkeiten von Musik und Fußball, in: Süddeutsche Zeitung, Nr. 295, 22./23.12.2007, S. 33.

[171] www.faz.net/print/Gesellschaft/Lebensstellung

[172] www.faz.net/print/Gesellschaft/Lebensstellung

[173] www.faz.net/print/Gesellschaft/Lebensstellung

[174] Biermann, Christoph, Wenn der Bus kommt, in: Süddeutsche Zeitung, Nr. 150, 2.7.2004, S. 35.

[175] Chaot bewarf Figo, in: Bild, 6.7.2004, S. 9.

[176] Tod einer Katze, in: Süddeutsche Zeitung, Nr. 110, 13.5.2008, S. 28.

[177] Schönau, Birgit, Miauen bei den Unglücksraben, in: Süddeutsche Zeitung, Nr. 112, 15.5.2008, S. 41.

[178] Paskowsky, Matthias, Sympathiebonus der Graswurzeln in: 11Freunde, Nr. 71/ Oktober 2007, S. 64.

[179] www.sportal.de/sportal/generated/article/fussball/2008/04/02/9148900000.html

[180] http://sport.de.msn.com/gallery.aspx?cp-documentid=10222060&imageindex=14

[181] Dare to Dream: The Story of the U.S. Women's Soccer Team

[182] Dare to Dream: The Story of the U.S. Women's Soccer Team

[183] Oldörp, Heiko, „Hallo, Mia Hamm, Was machen Sie eigentlich?", in Kicker, 06. September 2007.

[184] Oldörp, Heiko, „Hallo, Mia Hamm, Was machen Sie eigentlich?", in Kicker, 06. September 2007.

[185] www.spiegel.de/sport/fussball/0,1518,535314,00.html

[186] www.nullacht.at/index.php?idcatside=225

[187] www.nullacht.at/index.php?idcatside=225

[188] www.nullacht.at/index.php?idcatside=225

[189] www.nullacht.at/index.php?idcatside=225

[190] www.nullacht.at/index.php?idcatside=225

[191] www.nullacht.at/index.php?idcatside=225

[192] www.nullacht.at/index.php?idcatside=225

[193] www.spiegel.de/sport/fussball/0,1518,535314,00.html

[194] www.spiegel.de/sport/fussball/0,1518,535314,00.html

[195] Gertz, , Holger, Die Hände, der Kopf, das Tor, in: Süddeutsche Zeitung, Nr. 148, 29./30.6.2002, S. 3.

[196] Burkert, Andreas, Der Trend geht zum Adler. Die Einflussnahme eines Fußballtrainers am Spielfeldrand ist wohl eher gering, in: Süddeutsche Zeitung, Nr. 142, 20.6.2008, S. 36.

[197] www.tagesspiegel.de/sport/Fussball-Laenderspielserie;art133,2501701

[198] www.loewen-fans-gegen-rechts.com/dah08kkl.htm

[199] www.tagesspiegel.de/sport/Fussball-Laenderspielserie;art133,2501701

[200] Wagner, Tilo, Die Wiege der Weltfußballer, in: Frankfurter Allgemeine Sonntagszeitung, Nr. 2, 11.1.2009, S. 15.

201 Drin oder nicht?, sport.ard.de/wm2006/wm/rueckblick/index_25.html

[202] 25 Dinge über Schiedsrichter, in: 11Freunde, Nr. 86/Januar 2009, S. 62-64, 64.

[203] 25 Dinge über Schiedsrichter, in: 11Freunde, Nr. 86/Januar 2009, S. 62-64, 64.

[204] Schulze, Ludger, Jahrhundert-Rangliste des deutschen Fußballs (IX): Der Rechtsaußen. Der Boß mit seinem linken Schluffen. Helmut Rahn, exzentrischer Schütze des 3:2 von Bern und bester Außen Deutschlands, mag heute mit dem Fußball nichts mehr zu tun haben, in: Süddeutsche Zeitung, Nr. 144, 26./27.6.1999, S. 50.

[205] Schulze, Ludger, Jahrhundert-Rangliste des deutschen Fußballs (IX): Der Rechtsaußen. Der Boß mit seinem linken Schluffen. Helmut Rahn, exzentrischer Schütze des 3:2 von Bern und bester Außen Deutschlands, mag heute mit dem Fußball nichts mehr zu tun haben, in: Süddeutsche Zeitung, Nr. 144, 26./27.6.1999, S. 50.

[206] Leute des Mondial, in: Süddeutsche Zeitung, Nr. 130, 9.6.1998, S. 31.

[207] Brinkbäumer, Klaus/Scheuring, Christoph, „Es war brutal, einfach irre". Spiegel-Gespräch. Die Nationalspieler Mehmet Scholl und Christian Ziege über modernen Fußball, in: Der Spiegel, Nr. 27, 1.7.96, S.180-183, 183.

[208] Reng, Ronald, Gascoigne bleibt nur der Traum, ein UFO zu sehen, in: Süddeutsche Zeitung, Nr. 124, 2.6.1998, S. 38.

[209] Paskowsky, Matthias, Allein in schlechter Gesellschaft, in: 11Freunde, Nr. 82/ September 2008, S. 30-41, 41.

[210] http://www.spiegel.de/panorama/leute/0,1518,613606,00.html

[211] Paskowsky, Matthias, Allein in schlechter Gesellschaft, in: 11Freunde, Nr. 82/ September 2008, S. 30-41, 32.

[212] Luz, Antje, „Der FC Bayern macht Angst", in: Spiegel-Online, 3.4.2007, http://www.spiegel.de/sport/fussball/0,1518,475048,00.html

[213] Schönau, Birgit, Charmanter Einstand, schneller Rauswurf, in: Süddeutsche Zeitung, Nr. 213, 15.9.1999, S. 50.

[214] Reng, Ronald, Im Sommer immer im Urlaub, in: Süddeutsche Zeitung, Nr. 131, 9./10.6.2004, S. 40.

[215] Ebd.

[216] Wer war`s? Der Standhafte, in: Frankfurter Allgemeine Sonntagszeitung, Nr. 12, 26.3.2006, S. 21.

[217] Ein Deutscher im Finale, in: Die Süddeutsche Zeitung WM-Bibliothek. Die Fußball-Weltmeisterschaften. 1970. Mexiko, München 2005, S. 81.

[218] www.sueddeutsche.de/sport/831/460464/bilder/?img=15.0

[219] www.sueddeutsche.de/sport/831/460464/bilder/?img=15.0

[220] www.sueddeutsche.de/sport/831/460464/bilder/?img=15.0

[221] Brinkbäumer, Klaus/Schimmöller, Heiner, „Damals war die Königin noch jung". Spiegel-Gespräch. Drei WM-Finalisten über das dritte Tor von Wembley und 30 Jahre Fußball, Der Spiegel, Nr. 23, 3.6.1996, S. 230-232, 230; Nonnenmacher, Peter, Die Briten sind am Ball und mauern nach Kräften, in: Frankfurter Rundschau, Nr. 100, 29.4.1996.

[222] Jahrhundert-Rangliste des deutschen Fußballs (VIII): Das offensive Mittelfeld. Il Biondo, der Balldieb – ein Bub aus Augsburg. Helmut Haller, dessen Spielkunst selbst Beckenbauer bewunderte, ging seinen Weg in Italien – für den entgangenen WM-Triumph entschädigte er sich clever, in: Süddeutsche Zeitung, Nr. 143, 25.6.1999, S. 40.

[223] www.sueddeutsche.de/sport/314/457969/text/

[224] www.abendblatt.de/daten/2007/06/09/752438.html

[225] www.abendblatt.de/daten/2007/06/09/752438.html

[226] www.abendblatt.de/daten/2007/06/09/752438.html

[227] www.11freunde.de/ballkultur/105060

[228] www.abendblatt.de/daten/2007/06/09/752438.html

[229] www.greven.net/bilkul/kultur/bindata/Vortrag_Fussball_Nationalsozialismus_vonSeggern.pdf

[230] www.sportal.de/sportal/generated/article/fussball/2009/02/11/12041100000.html

[231] Honigstein, Raphael, Harder, better, faster, stronger. Die geheime Geschichte des englischen Fußballs, Köln 2006, S. 32.

[232] Wiegand, Ralf, Die 23 – Rudi Völlers Auswahl für die Reise zur EM, in: Süddeutsche Zeitung, Nr. 131, 9./10.6.2004, S. 38.

[233] Wiegand, Ralf, Selbstbetrug vor dem Spiel des Lebens, in: Süddeutsche Zeitung, Nr. 148, 29./30.6.2002, S. 45.

[234] www.sueddeutsche.de/sport/773/380577/text/

[235] Terje Hauge, Verwaltungskraft, Vater, Schiedsrichter, in: Süddeutsche Zeitung, Nr. 142, 23.6.2004, S. 32.

[236] Helmer: Der Mann für (fast) alle Positionen, in: Sport-Bild, Nr. 27, 3.7.1996, S. 13.

[237] Worte aus dem Munde eines Fußballprofis, in: Kicker, Nr. 51, 20.6.1996, S. 18.

[238] www.fc-koeln.de/index.php?id=386

[239] www.fc-koeln.de/index.php?id=386

[240] www.derwesten.de/nachrichten/zeusmedienwelten/zeus/fuer-schueler/zeus-regional/siegen/2009/4/2/news-116159911/detail.html

[241] www.planet-wissen.de/pw/ArtikelB096B0819FC03359E034080009B14B8F.html

[242] www.planet-wissen.de/pw/ArtikelB096B0819FC03359E034080009B14B8F.html

[243] www.planet-wissen.de/pw/ArtikelB096B0819FC03359E034080009B14B8F.html

[244] www.planet-wissen.de/pw/ArtikelB096B0819FC03359E034080009B14B8F.html

[245] www.tagesspiegel.de/sport/Fussball-1-FC-Koeln;art133,2578904

[246] www.planet-wissen.de/pw/ArtikelB096B0819FC03359E034080009B14B8F.html

[247] www.rp-online.de/public/article/sport/fussball/bundesliga/1._fc_koeln/685427/FC-Maskottchen-Hennes-VII-ist-tot.html

[248] Nigerias stolze Adler: Wir holen den Titel für Afrika!, in: Bild am Sonntag, Nr. 26, 28.6.1998, S. 94.

[249] Schulze, Ludger, Zimmermann statt Zimmermädchen. Das alte Thema, in: Süddeutsche Zeitung, Nr. 140, 22.6.1998, S. 31.

[250] Heinrich, Arthur, „Gute Jungens, Volk, wie das Volk", in: Michel, Rudi (Hrsg.), Fritz Walter. Die Legende des deutschen Fußballs, 3.Aufl., Stuttgart 1995, S. 91-103, 97.

[251] Heinrich, Arthur, „Gute Jungens, Volk, wie das Volk", in: Michel, Rudi (Hrsg.), Fritz Walter. Die Legende des deutschen Fußballs, 3.Aufl., Stuttgart 1995, S. 91-103, 98.

[252] Keil, Christopher, „Jupp – das ist deine Copa", in: Süddeutsche Zeitung, Nr. 124, 2.6.1998, S. 41.

[253] Hacke, Axel, Jahrhundert-Rangliste des deutschen Fußballs (XI): Der Linksaußen. Die Befreiung von allen Gesetzen der Schwerkraft. Karl-Heinz Rummenigge, der Meister des Dribblings, war schon als Spieler so freundlich und smart wie heute/ Platz zwei für Jupp Heynckes, den Überehrgeizigen, in: Süddeutsche Zeitung, Nr. 147, 30.6.1999, S. 39.

[254] Cáceres, Javier, Angriff durch Mitglied 115 088, in: Süddeutsche Zeitung, Nr. 295, 22./23.12.2007, S. 33.

[255] Kelnberger, Josef, Der geduldige Pepi, reif für die Inseln, in: Süddeutsche Zeitung, Nr. 296, 24./25./26.12.2007, S. 25.

[256] 25 Menschen, die die EM prägten, in: 11 Freunde. Nr. 79/Juni 2008, S. 56-59, 59.

[257] Gärner, Wolfgang, Volle Kraft im Nebel, in: Süddeutsche Zeitung, Nr. 236, 10.10.2008, S. 36.

[258] Gärner, Wolfgang, Das verlängerte Trauma, in: Süddeutsche Zeitung, Nr. 238, 13.10.2008, S. 27.

[259] Aumüller, Johannes/Kneer, Christof/Nienhuysen, Frank, „Die haben Angst, dass wir den Platz kaputtmachen“. Russlands Auswahltrainer Guus Hiddink über Probleme mit den Vereinen, über Dsagojews und Ronaldos sowie Putins Telefonnummer, in: Süddeutsche Zeitung, Nr. 237, 11./12.10.2008, S. 35.

[260] Aumüller, Johannes/Kneer, Christof/Nienhuysen, Frank, „Die haben Angst, dass wir den Platz kaputtmachen“. Russlands Auswahltrainer Guus Hiddink über Probleme mit den Vereinen, über Dsagojews und Ronaldos sowie Putins Telefonnummer, in: Süddeutsche Zeitung, Nr. 237, 11./12.10.2008, S. 35.

[261] www.zeit.de/fussball/2005/44/rund_stolpersteine?page=2

[262] www.dfb.de/index.php?id=501067

[263] www.bzpf.ka.bw.schule.de/lmg/archiv/julius_hirsch.html

[264] www.zeit.de/fussball/2005/44/rund_stolpersteine?page=1

[265] www.bzpf.ka.bw.schule.de/lmg/archiv/julius_hirsch.html

[266] www.ka-news.de/fussball/news/art99,105218

[267] www.zeit.de/fussball/2005/44/rund_stolpersteine?page=2

[268] Kneer, Christof, Heimschläfer in der Bundesrepublik Schweiz, in: Süddeutsche Zeitung, Nr. 280, 5.12.2007, S. 35.

[269] Burkert, Andreas/Schulze, Ludger, „Am Ende hat die Vernunft gesiegt“. Ottmar Hitzfeld über den schweren Abschied vom FC Bayern, eine neue Lebensqualität und seine Zukunft als Schweizer Nationaltrainer, in: Süddeutsche Zeitung, Nr. 22, 26./27.1.2008, S. 37.

[270] Gertz, Holger, Zwischen den Zeiten, in: SZ-Magazin, Nr. 5, 1.2.2008, S. 18-21, 20.

[271] Bernard, Andreas/Selch, Gerald, „Publikumsliebling sein – wer will das nicht?“, in: Süddeutsche Zeitung-Magazin, Nr. 11, 16.3.2007, S. 48-57, 56.

[272] Schulze, Ludger, Bratwurst-Rudi trifft Intellektuelle, in: Süddeutsche Zeitung, Nr. 296, 20./21.12.2008, S. 39.

[273] Zaschke, Christian, Die Welt ist, was der Fall ist, in: Süddeutsche Zeitung, Nr. 114, 17./18.5.2008, S. I.

[274] Selldorf, Philipp, Das Ungeheuer macht Karriere, in: Süddeutsche Zeitung, Nr. 18, 23.1.2009, S. 28.

[275] 25 Dinge über Eintracht Frankfurt in: 11Freunde, Nr. 71/Oktober 2007, S. 61.

[276] 25 Dinge über Eintracht Frankfurt in: 11Freunde, Nr. 71/Oktober 2007, S. 61.

[277] Burkert, Andreas, „Tooor, Tooor, Tooor“. Namen, Zahlen, Spielzüge – die WM-Finals mit Deutschland, in: Süddeutsche Zeitung, Nr. 148, 29./30.6.2002, S. 46.

[278] Cáceres, Javier, Francos Feldzug gegen die UdSSR, in: Süddeutsche Zeitung, Nr. 101, 30.4./1.5.2008, S. 36.

[279] Neumann, Frank, „Wir sind attraktiver geworden“. Steffi Jones über Sex-Appeal, die Kanzlerin und die Entwicklung des Frauenfußballs, in: Frankfurter Allgemeine Sonntagszeitung, Nr. 10, 11.3.2007, S. 22.

[280] http://de.wikipedia.org/wiki/Steffi_Jones

[281] Schifferli, Hansjörg, Porträt eines Mannes ohne erkennbare Eigenschaften, in: Die Weltwoche, Nr. 16, 18.4.1996.

[282] Arturo Jorge, in: Sport-Bild, Nr. 21, 22.5.1996, S. 43.

[283] Wenig, Peter, Kahn – die Angst vor dem „Besessenen", in: Welt am Sonntag, Nr. 4, 11.4.1999, S. 18.

[284] Reichardt, Lars/Stefanidis, Alexandros, „Ich glaube nicht, dass ich den Zuschauern viel Spaß vermittelt habe, in: SZ-Magazin, Nr. 19, 9.5.2008, S. 8-21, 12.

[285] Jürgens, Tim, „Ich habe meinen Zenit noch nicht überschritten", in: 11 Freunde, Nr. 66, Mai 2007, S. 52-59, 56

[286] Jürgens, Tim, „Ich habe meinen Zenit noch nicht überschritten", in: 11 Freunde, Nr. 66, Mai 2007, S. 52-59, 56

[287] Gertz, Holger, Die Hände, der Kopf, das Tor, in: Süddeutsche Zeitung, Nr. 148, 29./30.6.2002, S. 3.

[288] Selldorf, Philipp, Weltmeister im Gemeinsinn, in: Süddeutsche Zeitung, Nr. 144, 25.6.2002, S. 35.

[289] Reichardt, Lars/Stefanidis, Alexandros, „Ich glaube nicht, dass ich den Zuschauern viel Spaß vermittelt habe, in: SZ-Magazin, Nr. 19, 9.5.2008, S.8-21, 14.

[290] 25 Dinge über Schiedsrichter, in: 11Freunde, Nr. 86/Januar 2009, S. 62-64, 63.

[291] 25 Dinge über Schiedsrichter, in: 11Freunde, Nr. 86/Januar 2009, S. 62-64, 63.

[292] http://www.kicker.de/fussball/chleague/startseite/artikel/328187

[293] Schönau, Birgit, Milans gottesfürchtige Seele, in: Süddeutsche Zeitung, Nr. 78, 3.4.2007, S. 27.

[294] Schönau, Birgit, Milans gottesfürchtige Seele, in: Süddeutsche Zeitung, Nr. 78, 3.4.2007, S. 27.

[295] www.nullacht.at/index.php?idcatside=22

[296] www.sueddeutsche.de/sport/831/460464/bilder/?img=3.0

[297] www.br-online.de/bayern3/musik-center/ohw-kevin-keegan-head-over-heals-in-love-ID1216044145605.xml

[298] Hacke, Axel, Laufen, um nicht umzufallen, in: Süddeutsche Zeitung, Nr. 131, 10./11.6.1998, S. 3.

[299] Vogts: Sorgen und Hoffnung vor der EM, in: Sport-Bild, Nr. 21, 22.5.1996, S. 38.

[300] Biermann, Christoph, „Wir wollen Weltmeister werden". Bei seiner offiziellen Vorstellung vermittelt Jürgen Klinsmann vor allem Härte, Klarheit und Willenskraft, in: Süddeutsche Zeitung, Nr. 174, 30.7.2004, S. 27.

[301] Hitler und Klinsmann, in: Süddeutsche Zeitung, Nr. 267, 19.11.1996, S. 4.

[302] Borchert, Hans, Ein eiskalter Engel, in: Stern, Nr. 25, 13.6.1996.

[303] www.fussballd21.de/31070.asp

[304] Wie aus Jürgen Klinsmann Jay Goppingen wurde, ttp://de.uefa.com/magazine/

news/Kind=1024/newsId=86629.html

[305] Inanici, Boris, Jay Goppingen ist wieder da, http://sport.ard.de/wm2006/confedcup/vorort/tagebuecher/eintrag_050623.jhtml

[306] http://www.fcbayern.t-home.de/de/aktuell/news/2008/15734.php

[307] Horeni, Michael, Klinsmann. Stürmer Trainer Weltmeister, Frankfurt am Main 2005, S. 136.

[308] Kluivert kritisiert Trainer Hiddink, in: Kicker, Nr. 51, 20.6.1996, S. 14.

[309] Geld und Meisjes, in: Der Spiegel, Nr. 25, 17.6.96, S.208f., 209.

[310] Nach seinem Platzverweis. Kluivert wehrt sich, in: Süddeutsche Zeitung, Nr. 137, 18.6.1998, S. 39.

[311] Selldorf, Philipp, Die Fußball-Europameisterschaften. SZ-Serie. Teil 8: England 1996. Das Tor zu den Schaltstellen der Macht, in: Süddeutsche Zeitung, Nr. 119, 24./25.5.2008, S. 36.

[312] Kohler über..., in: Sport-Bild, Nr. 23, 4.6.1996, S. 7.

[313] „Wir hatten uns soviel vorgenommen“, in: Kicker, Nr. 50, 17.6.1996, S. 13.

[314] Schulze, Ludger, Lachend das dauernde Gerede zum Verstummen gebracht, in: Süddeutsche Zeitung, Nr. 259, 9.11.1996.

[315] Gertz, Holger, Die Fußball-Europameisterschaften. SZ-Serie, Teil 6: Deutschland 1988. „Ihr habt uns alle von unserem Leiden erlöst“. Jürgen Kohler verliert gegen Marco van Basten einen sehr wichtigen Zweikampf und verschafft der holländischen Nation damit Genugtuung, in: Süddeutsche Zeitung, Nr. 114, 17./18.5.2008, S. 36.

[316] Rollmann, Jürgen, Legende Kostedde aufgespürt, in: Bild am Sonntag, Nr. 49, 9.12.2007, S. 96/97.

[317] Gertz, Holger, Die Spiele ihres Lebens, in: Süddeutsche Zeitung, Nr. 119, 24./25.5.2008, S. 3.

[318] Hacke, Axel, Jahrhundert-Rangliste des deutschen Fußballs (XI): Der Linksaußen. Die Befreiung von allen Gesetzen der Schwerkraft. Karl-Heinz Rummenigge, der Meister des Dribblings, war schon als Spieler so freundlich und smart wie heute/ Platz zwei für Jupp Heynckes, den Überehrgeizigen, in: Süddeutsche Zeitung, Nr. 147, 30.6.1999, S. 39.

[319] http://de.youtube.com/watch?v=4QIAv2EoIP0&feature=PlayList&p=9A1B4BA2A5C30DFB&index=0

[320] Golz, Wolfgang, Hennes Multhaup: Wat wäre dat ‘n geiles Foto gewesen, in: Sportjournalist, Nr. 1/ Januar 2009, S. 24.

[321] Golz, Wolfgang, Hennes Multhaup: Wat wäre dat ‘n geiles Foto gewesen, in: Sportjournalist, Nr. 1/ Januar 2009, S. 24.

[322] Golz, Wolfgang, Hennes Multhaup: Wat wäre dat ‘n geiles Foto gewesen, in: Sportjournalist, Nr. 1/ Januar 2009, S. 24.

[323] www.em-blogger.at/index.php/2008/02/24/johannes-rau-im-spruch-des-tages/

[324] Der Kleine, in: Süddeutsche Zeitung, Nr. 152, 5.7.2004, S. 33.

[325] Gertz, Holger, Das Spiel ist größer als das Feld, in: Süddeutsche Zeitung, Nr. 130,

6.6.2008, S. 3.

[326] Die Franzosen – mal ganz anders. Pires trägt immer dieselbe Unterhose, in: Bild am Sonntag, Nr. 27, 5.7.1998, S. 84f., 84

[327] www.welt.de/print-welt/article488188/Neues_vom_Geschichtsonkel.html

[328] 25 Dinge über Eintracht Frankfurt in: 11Freunde, Nr. 71/Oktober 2007, S. 62.

[329] www.spiegel.de/sport/fussball/0,1518,496548,00.html

[330] www.spiegel.de/sport/fussball/0,1518,496548,00.html

[331] www.spiegel.de/sport/fussball/0,1518,496548,00.html

[332] Kurzpass Bunte Liga, in: 11Freunde, Nr. 86/Januar 2009, S. 18.

[333] Duell der geschmähten Helden, in: Süddeutsche Zeitung, Nr. 290, 15.12.1999, S. 45.

[334] www.express.de/nachrichten/sport/fussball/suedafrika-star-zum-zweiten-mal-gestorben_artikel_1220435582463.html

[335] www.express.de/nachrichten/sport/fussball/suedafrika-star-zum-zweiten-mal-gestorben_artikel_1220435582463.html

[336] Schulze, Ludger, Jahrhundert-Rangliste des deutschen Fußballs (IX): Der Rechtsaußen. Der Boß mit seinem linken Schluffen. Helmut Rahn, exzentrischer Schütze des 3:2 von Bern und bester Außen Deutschlands, mag heute mit dem Fußball nichts mehr zu tun haben, in: Süddeutsche Zeitung, Nr. 144, 26./27.6.1999, S. 50.

[337] Schulze, Ludger, Jahrhundert-Rangliste des deutschen Fußballs (IX): Der Rechtsaußen. Der Boß mit seinem linken Schluffen. Helmut Rahn, exzentrischer Schütze des 3:2 von Bern und bester Außen Deutschlands, mag heute mit dem Fußball nichts mehr zu tun haben, in: Süddeutsche Zeitung, Nr. 144, 26./27.6.1999, S. 50.

[338] Schulze, Ludger, Jahrhundert-Rangliste des deutschen Fußballs (IX): Der Rechtsaußen. Der Boß mit seinem linken Schluffen. Helmut Rahn, exzentrischer Schütze des 3:2 von Bern und bester Außen Deutschlands, mag heute mit dem Fußball nichts mehr zu tun haben, in: Süddeutsche Zeitung, Nr. 144, 26./27.6.1999, S. 50.

[339] www.radio-hafenstrasse.de/index2.php?option=com_content&do_pdf=1&id=816

[340] Abschlusstabelle: Die Scherzbolde der Liga, Da muss Franck Ribery lange für stricken, in: 11Freunde, Nr. 71/Oktober 2007, S. 20.

[341] Abschlusstabelle: Die Scherzbolde der Liga, Da muss Franck Ribery lange für stricken in: 11Freunde, Nr. 71/Oktober 2007, S. 20.

[342] Hacke, Axel, Jahrhundert-Rangliste des deutschen Fußballs (XI): Der Linksaußen. Die Befreiung von allen Gesetzen der Schwerkraft. Karl-Heinz Rummenigge, der Meister des Dribblings, war schon als Spieler so freundlich und smart wie heute/ Platz zwei für Jupp Heynckes, den Überehrgeizigen, in: Süddeutsche Zeitung, Nr. 147, 30.6.1999, S. 39.

[343] http://web.archive.org/web/20080203025412/www.ja-gut-aeh-ich-sag-mal.com/werner_lorant.html

[344] http://web.archive.org/web/20080203025412/www.ja-gut-aeh-ich-sag-mal.com/werner_lorant.html

[345] www.sueddeutsche.de/sport/831/460464/bilder/?img=7.0

[346] www.sueddeutsche.de/sport/831/460464/bilder/?img=7.0

[347] www.bundesliga.de/en/liga/news/2007/index.php?f=86750.php

[348] www.sueddeutsche.de/automobil/artikel/535/76459/

[349] www.sueddeutsche.de/automobil/artikel/535/76459/

[350] www.sueddeutsche.de/automobil/artikel/535/76459/

[351] Ashelm, Michael, „Ich bin kein Berlusconi für die Linken". Cristiano Lucarelli , Fußballstürmer und Zeitungsverleger, verehrt Che Guevara und fordert das Establishment heraus, in: Frankfurter Allgemeine Sonntagszeitung, Nr. 19, 11.5.2008, S. 20.

[352] ZDF-Kommentator Bela Réthy während der Übertragung des Spiels Bayern-Inter Mailand am 5. August 2008.

[353] www.kicker.de/news/fussball/chleague/slideshow/object/375885/

[354] Zaune, Carina, Paolo Maldini ist das Herz des AC Mailand, in Welt, 22.5.2007.

[355] Zaune, Carina, Paolo Maldini ist das Herz des AC Mailand, in Welt, 22.5.2007.

[356] Hägele, Martin, Geregelte Gefühle beim Geschäft, in: Süddeutsche Zeitung, Nr. 148, 1.7.1998, S. 34.

[357] Wiegand, Ralf, Varianten eines Märchens. Die Geschichte der Fußballer Matthäus und Maradona, in: Süddeutsche Zeitung, Nr. 121, 26.5.2000, S. 41.

[358] Maradona-Gläubige heiraten. Das Band Gottes, in: Frankfurter Allgemeine Sonntagszeitung, Nr. 44, 4.11.2007, S. 20.

[359] Burghardt, Peter, Die 10 regiert die Elf, in: Süddeutsche Zeitung, Nr. 253, 30.10.2008, S. 3.

[360] www.sueddeutsche.de/sport/831/460464/bilder/?img=19.0

[361] www.handelsblatt.com/journal/fussball/materazzi-lueftet-das-letzte-geheimnis-um-zidane;1310647

[362] www.handelsblatt.com/journal/fussball/materazzi-lueftet-das-letzte-geheimnis-um-zidane;1310647

[363] www.handelsblatt.com/journal/fussball/materazzi-lueftet-das-letzte-geheimnis-um-zidane;1310647

[364] www.handelsblatt.com/journal/fussball/materazzi-lueftet-das-letzte-geheimnis-um-zidane;1310647

[365] Wiegand, Ralf, Varianten eines Märchens. Die Geschichte der Fußballer Matthäus und Maradona, in: Süddeutsche Zeitung, Nr. 121, 26.5.2000, S. 41.

[366] Witt, Christian, Große Eiche kleine Eiche, in: Focus, Nr. 24, 10.6.1996.

[367] Burkert, Andreas, Die Fußball-Europameisterschaften. SZ-Serie, Teil 4: Italien 1980. Engel auf Ungeheuer. Tor. Horst Hrubesch, Bernd Schuster und Karl-Heinz Rummenigge führen die deutsche Elf zum Titel – doch Bernard „Ennatz" Dietz ist die Seele dieser Mannschaft, in: Süddeutsche Zeitung, Nr. 109, 10./11./12.5.2008, S. 36.

[368] Schönau, Birgit, Und dazu singt Celentano, in: Süddeutsche Zeitung, Nr. 60, 11.3.2008, S. 31.

[369] Zaschke, Christian, Die Maradona-Schnürung, in: Süddeutsche Zeitung, Nr. 5, 7./8.1.2006, S. 40.

[370] http://www.welt.de/print-welt/article504121/Erinnerung_an_einen_Sir_Vater_aller_Rechtsaussen.html

[371] http://www.welt.de/print-welt/article504121/Erinnerung_an_einen_Sir_Vater_aller_Rechtsaussen.html

[372] WM-Notizen, in: Süddeutsche Zeitung, Nr. 146, 27.6.2002, S. 37.

[373] 25 Dinge über Schiedsrichter, in: 11Freunde, Nr. 86/Januar 2009, S. 62-64, 63.

[374] 25 Dinge über Schiedsrichter, in: 11Freunde, Nr. 86/Januar 2009, S. 62-64, 63.

[375] Teil des Spektakels, in: Süddeutsche Zeitung, Nr. 153, 6.7.2004, S. 35.

[376] Hess, Peter, Rehhagels Helden können nur gewinnen, in: Frankfurter Allgemeine Sonntagszeitung, Nr. 27, 4.7.2004, S. 13.

[377] Teil des Spektakels, in: Süddeutsche Zeitung, Nr. 153, 6.7.2004, S. 35.

[378] Röttgen, Kurt, Die Fußball-Europameisterschaften. SZ-Serie, Teil 1: 1960 bis 1968. Das albanische Grauen. Die erste EM-Teilnahme endet für das bundesdeutsche Team 1968 mit einem Fiasko in Enver Hodschas finsterem Kommunismus, in: Süddeutsche Zeitung, Nr. 101, 30.4./1.5.2008, S. 36.

[379] Horeni, Michael, Klinsmann. Stürmer Trainer Weltmeister, Frankfurt am Main 2005, S. 289f.

[380] Meyer. Der Erfolg eines deutschen Trainers in Holland: Mit Enschede auf Siegeszug und alle Kritiker überzeugt, in: Sport-Bild, Nr. 17, 24.4.1996, S. 8.

[381] Röttgen, Kurt, Die Fußball-Europameisterschaften. SZ-Serie, Teil 1: 1960 bis 1968. Das albanische Grauen. Die erste EM-Teilnahme endet für das bundesdeutsche Team 1968 mit einem Fiasko in Enver Hodschas finsterem Kommunismus, in: Süddeutsche Zeitung, Nr. 101, 30.4./1.5.2008, S. 36.

[382] Röttgen, Kurt, Die Fußball-Europameisterschaften. SZ-Serie, Teil 1: 1960 bis 1968. Das albanische Grauen. Die erste EM-Teilnahme endet für das bundesdeutsche Team 1968 mit einem Fiasko in Enver Hodschas finsterem Kommunismus, in: Süddeutsche Zeitung, Nr. 101, 30.4./1.5.2008, S. 36.

[383] Röttgen, Kurt, Die Fußball-Europameisterschaften. SZ-Serie, Teil 1: 1960 bis 1968. Das albanische Grauen. Die erste EM-Teilnahme endet für das bundesdeutsche Team 1968 mit einem Fiasko in Enver Hodschas finsterem Kommunismus, in: Süddeutsche Zeitung, Nr. 101, 30.4./1.5.2008, S. 36.

[384] DFB dankte Rinus Michels, in: Schweriner Volkszeitung, 23.6.1992, S. 16.

[385] Gertz, Holger, Die Fußball-Europameisterschaften. SZ-Serie, Teil 6: Deutschland 1988. „Ihr habt uns alle von unserem Leiden erlöst". Jürgen Kohler verliert gegen Marco van Basten einen sehr wichtigen Zweikampf und verschafft der holländischen Nation damit Genugtuung, in: Süddeutsche Zeitung, Nr. 114, 17./18.5.2008, S. 36.

[386] 25 Menschen, die die EM prägten, in: 11 Freunde. Nr. 79/Juni 2008, S. 56-59, 58.

[387] Die Fußball-Welt trauert um den General. Hollands großer Trainer Michels starb mit 77, in: Bild, Nr. 53, 4.3.2005, S. 12.

[388] Hartmann, Ulrich, Voetbal total. Rinus Michels, Prediger von Freiheit und Strenge, ist tot, in: Süddeutsche Zeitung, Nr. 52, 4.3.2005, S. 38.

[389] Bitter, Oliver. Frank Mill hört auf. Laster, List und Leiden, in: Kicker, Nr. 42, 20.5.1996, S. 23.

[390] Möller. Rücktritt nach der WM?, in: Bild, Nr. 152, 3.7.1998, S. 21.

[391] Frau Möller: Andy komm mit nach Hause!, in: Bild, Nr. 151, 2.7.1998, S. 1.

[392] Ein trauriger Abgesang, in: Süddeutsche Zeitung (Hrsg.), Die Fußball-Weltmeisterschaften. 1998. Frankreich, München 2005, S. 81-83, 83.

[393] Schulze, Ludger, „Es ist eine Deprimierung da", in: Süddeutsche Zeitung, Nr. 150, 3.7.1998, S. 31.

[394] Gertz, Holger, So einer wird gebraucht, in: Süddeutsche Zeitung, Nr. 41, 19.2.1999, S. 3.

[395] Brinkbäumer, Klaus, Immer nur streicheln, in: Der Spiegel Nr. 25, 17.6.1996, S. 198-201, 198.

[396] Reng, Ronald, Ehrfurcht der Angstlosen. Die Engländer zelebrieren die Rivalität mit den Deutschen, in: Süddeutsche Zeitung, Nr. 289, 14.12.1999, S. 41.

[397] Englands Helden. Die „Banks of England" musste schießen, in: Bild am Sonntag. Die Fussball-EM Klassikersammlung 1. Deutsche Triumphe, alle großen Spiele. 1. Offizielle DVD der UEFA-Fußball-Europameisterschaft. Viertelfinale 1972. England-Deutschland 1:3, S. 17.

[398] Bobby Moore unter Arrest, in: Die Süddeutsche Zeitung WM-Bibliothek. Die Fußball-Weltmeisterschaften. 1970. Mexiko, München 2005, S. 51.

[399] Selldorf, Philipp, Genesungskur im San Siro von Stellingen, in: Süddeutsche Zeitung, Nr. 199, 30.8.2000, S. 37.

[400] Selldorf, Philipp, Genesungskur im San Siro von Stellingen, in: Süddeutsche Zeitung, Nr. 199, 30.8.2000, S. 37.

[401] Biermann, Christoph, Rezepte gibt es nur für Kuchen, in: Süddeutsche Zeitung, Nr. 149, 1.7.2004, S. 31.

[402] Selldorf, Philipp, Der große Schmerz, in: Süddeutsche Zeitung, Nr. 151, 3./4.7.2004, S. 42.

[403] Schönau, Birgit, Echt blond. Pavel Nedved ist der Überzeugungstäter im Spiel der Tschechen, in: Süddeutsche Zeitung, Nr. 131, 9./10.6.2004, S. 39.

[404] Keil, Christopher, Die Laktatmessung und ihre Folgen, in: Süddeutsche Zeitung, Nr. 111, 15.5.1998, S. 34.

[405] Stephan, Carmen/Reichardt, Lars, „Dean Martin, Sammy Davis Jr. – und ich". Was macht einen genialen Spielmacher aus? Wenn es einer weiss, dann ja wohl Günter Netzer, in: Süddeutsche Zeitung Magazin, Nr. 22, 31.5.2002, S.4-8, 6f.

[406] Huisseling, Mark van, Kaufzwang. Bei Elvis in der ersten Reihe. Günter Netzer über seine Füsse, Frisur und seine Lieblingsrestaurants, in: Weltwoche, Nr. 51/2002.

[407] Stephan, Carmen/Reichardt, Lars, „Dean Martin, Sammy Davis Jr. – und ich". Was macht einen genialen Spielmacher aus? Wenn es einer weiss, dann ja wohl Günter Netzer, in: Süddeutsche Zeitung Magazin, Nr. 22, 31.5.2002, S.4-8, 6f.

[408] Röttgen, Kurt, Die Fußball-Europameisterschaften. SZ-Serie, Teil 2: Belgien 1972. Der Ramba-Zamba-Rebell. Er verkörperte eine deutsche Ära des Aufbruchs und begeisterte mit seinen Pässen selbst Feuilletonisten: Günter Netzer, Spielmacher aus der Tiefe des Raumes, in: Süddeutsche Zeitung, Nr. 103, 3./4.5.2008, S. 38.

[409] Weidermann, Volker, Fallrückzieher in die Avantgarde, in: Frankfurter Allgemeine Sonntagszeitung, Nr. 22, 30.5.2004, S. 25.

[410] 25 Menschen, die die EM prägten, in: 11 Freunde. Nr. 79/Juni 2008, S. 56-59, 58.

[410a] Huisseling, Mark van, Kaufzwang. Bei Elvis in der ersten Reihe. Günter Netzer über seine Füsse, Frisur und seine Lieblingsrestaurants, in: Weltwoche, Nr. 51/2002.

[411] Jans, Gunnar, Matthäus und Effenberg. Voll daneben, in: Süddeutsche Zeitung, Nr. 133, 14.6.1999, S. 41.

[412] Röttgen, Kurt, Die Fußball-Europameisterschaften. SZ-Serie, Teil 2: Belgien 1972. Der Ramba-Zamba-Rebell. Er verkörperte eine deutsche Ära des Aufbruchs und begeisterte mit seinen Pässen selbst Feuilletonisten: Günter Netzer, Spielmacher aus der Tiefe des Raumes, in: Süddeutsche Zeitung, Nr. 103, 3./4.5.2008, S. 38.

[413] www.autobild.de/artikel/fussball-wm-serie-folge-2_55713.html

[414] www.autobild.de/artikel/fussball-wm-serie-folge-2_55713.html

[415] www.welt.de/print-wams/article136199/Der_ewig_junge_Wilde.html

[416] www.welt.de/print-wams/article136199/Der_ewig_junge_Wilde.html

[417] www.autobild.de/artikel/fussball-wm-serie-folge-2_55713.html

[418] www.welt.de/print-wams/article136199/Der_ewig_junge_Wilde.html

[419] Gieselmann, Dirk, „Er drückte und drückte und drückte, in: 11Freunde, Nr. 86/Januar 2009, S. 22f., 22

[420] Gieselmann, Dirk, „Er drückte und drückte und drückte, in: 11Freunde, Nr. 86/Januar 2009, S. 22f., 22

[421] Gieselmann, Dirk, „Er drückte und drückte und drückte, in: 11Freunde, Nr. 86/Januar 2009, S. 22f., 22

[422] Gieselmann, Dirk, „Er drückte und drückte und drückte, in: 11Freunde, Nr. 86/Januar 2009, S. 22f., 22

[423] Gieselmann, Dirk, „Er drückte und drückte und drückte, in: 11Freunde, Nr. 86/Januar 2009, S. 22f., 22

[424] Oldörp, Heiko, „Hallo, Peter Nowak, Was machen Sie eigentlich?", in Kicker, 21. Juni 2007.

[425] Oldörp, Heiko, „Hallo, Peter Nowak, Was machen Sie eigentlich?", in Kicker, 21. Juni 2007.

[426] Gieselmann, Dirk, Was bringt Sie zum Rasen, Jens Tang Olesen? in: 11Freunde, Nr. 71/Oktober 2007, S. 12

[427] www.spiegel.de/sport/fussball/0,1518,596096,00.html

[428] www.spiegel.de/sport/fussball/0,1518,596096,00.html

[429] Gieselmann, Dirk, Was bringt Sie zum Rasen, Jens Tang Olesen? in: 11Freunde, Nr. 71/Oktober 2007, S. 12.

[430] Gieselmann, Dirk, Was bringt Sie zum Rasen, Jens Tang Olesen? in: 11Freunde, Nr. 71/Oktober 2007, S. 12.

[431] WM-Splitter. Wasserdicht, in: Süddeutsche Zeitung, Nr. 137, 18.6.1998, S. 38.

[432] Horeni, Michael, Klinsmann. Stürmer Trainer Weltmeister, Frankfurt am Main, S. 305-307.

[433] Kramer, Jörg, Kekse für die Kasernierten, in: Süddeutsche Zeitung, Nr. 138, S. 40.

[434] Vollmer, Christel, „Batigol" träumt vom einfachen Leben: Als Cowboy seine Rinder hüten, in: Bild am Sonntag, Nr. 26, 28.6.1998, S. 93.

[435] Wischmop und Pfeifenreiniger. Wer trägt was? Die Häupter der WM-Akteure , in: Süddeutsche Zeitung, Nr. 143, 25.6.1998, S. 35.

[436] Schönau, Birgit, Das Phänomen will nach Hause, in: Süddeutsche Zeitung, Nr. 4, 5./6.1.2008, S. 37.

[437] Zaschke, Christian, Das Vermächtnis. Englands Elfmeter-Trauma, in: Süddeutsche Zeitung, Nr. 119, 24./25.5.2008, S. 36.

[438] Connery, Sean/Grigor, Murray, Being a Scot, London 2008, S. 215f.

[439] 2006 enthüllt: 1964 war 96 an Pelè dran!, in: Sport-Bild, Nr.26, 27.6.2007, S. 86.

[440] /www.berlinonline.de/berliner-zeitung/archiv/.bin/dump.fcgi/1996/0617/none/0015/index.html

[441] www.berlinonline.de/berliner-zeitung/archiv/.bin/dump.fcgi/1996/0617/none/0015/index.html

[442] www.berlinonline.de/berliner-zeitung/archiv/.bin/dump.fcgi/1996/0617/none/0015/index.html

[443] www.berlinonline.de/berliner-zeitung/archiv/.bin/dump.fcgi/1996/0617/none/0015/index.html

[444] www.focus.de/sport/fussball/wm2006/wm-lexikon_did_12729.html

[445] /www.faz.net/s/RubC3501523C6F14E7489EB5D87354539E7/Doc~E4EED7BB25B7E47F895F6D53603CFB42A~ATpl~Ecommon~Sspezial.html

[446] www.faz.net/s/RubC3501523C6F14E7489EB5D87354539E7/Doc~E4EED7BB25B7E47F895F6D53603CFB42A~ATpl~Ecommon~Sspezial.html

[447] www.faz.net/s/RubC3501523C6F14E7489EB5D87354539E7/Doc~E4EED7BB25B7E47F895F6D53603CFB42A~ATpl~Ecommon~Sspezial.html

[448] Hoeltzenbein, Klaus, Der Stern leuchtet nicht mehr, in: Süddeutsche Zeitung, Nr. 246, 25.10.2007, S. 35.

[449] Sperber, Rolf, 1000.Platzverweis naht: WM-Held Rahn der Erste, in: dpa, 3.4.2009.

[450] Uwe Seeler, Mein Freund, der Boss, in: Bild, Nr. 190, 16.8.2003, S. 11.

[451] Kielbassa, Moritz/Kneer, Christof, „Ich bin kein schlechter Verlierer". Hoffenheims Trainer Ralf Rangnick über seinen nicht zu stillenden Ehrgeiz, Attacken von Uli Hoeneß und die Pflege des Betriebsklimas, in: Süddeutsche Zeitung, Nr. 8, 12.1.2009, S. 25.

[452] Schlötzer, Christiane, Aufgewacht in einem anderen Land, in: Süddeutsche Zeitung, Nr. 153, 6.7.2004, S. 3.

[453] Schüngel, Björn, Vor der Kohle, in: Süddeutsche Zeitung, Nr. 149, 1.7.2004, S. 31.

[454] Gertz, Holger, Angekommen im Paradies, in: Süddeutsche Zeitung, Nr. 151. 3./4.7.2004, S. 3.

[455] Gertz, Holger, Angekommen im Paradies, in: Süddeutsche Zeitung, Nr. 151. 3./4.7.2004, S. 3.

[456] Herbst, Ralf, Ein Öko-Säckchen für den Endspiel-Tip. Marcel Reif, ZDF-Kommentator bei der EM, in: Schweriner Volkszeitung, 9.6.1992, S. 15.

[457] Zaschke, Christian, SZ-Serie. Teil 9: Belgien/Niederlande 2000. Sir Erich und die Fruchtzwerge, in: Süddeutsche Zeitung, Nr. 122, 28.5.2008, S. 32.

[458] Zaschke, Christian, SZ-Serie. Teil 9: Belgien/Niederlande 2000. Sir Erich und die Fruchtzwerge, in: Süddeutsche Zeitung, Nr. 122, 28.5.2008, S. 32.

[459] Stars ohne Kinderfrau, in: Der Spiegel, Nr. 24, 10.6.96, S.208f., 209.

[460] Heimann, Karl-Heinz, Köchin Anna aus Moskau ist noch die wichtigste Person, in: Kicker, Nr. 48, 10.6.1996, S. 40.

[461] Wegen Haarausfall. Romario vor Karriereende, in: Süddeutsche Zeitung, Nr. 281, 6.12.2007, S. 41.

[462] Ronaldinho. Beim Sex ist er schon Weltmeister, in: Bild, Nr. 143, 22.6.2002, S. 14.

[463] Burghardt, Peter, Weltsportler, Teil V: Ronaldo. Ein Kindskopf im Geldregen, in: Süddeutsche Zeitung, Nr. 107, 10./11.5.2003, S. 41.

[464] Kistner, Thomas, „Ronaldo stirbt!", in: Süddeutsche Zeitung (Hrsg.), Die Fußball-Weltmeisterschaften. 1998. Frankreich, München 2005, S. 112-115, 115.

[465] Haupt, Florian, Die Macht des schönen Fußballs, in: Welt am Sonntag, Nr. 16, 22.4.2007, S. 20.

[466] Burghardt, Peter, Alle sind ein bisschen Figo, in: Süddeutsche Zeitung, Nr. 131, 9./10.6.2004, S. 41.

[467] Reng, Ronald, England denkt an Pelé und Gascoigne, in: Süddeutsche Zeitung, Nr. 142, 23.6.2004, S. 32.

[468] Reng, Ronald, Wilder Wayne, in: Süddeutsche Zeitung, Nr. 139, 19./20.6.2004, S. 43.

[469] Jürgens, Tim, Vom Stadion ins Studio 54, in: 11Freunde, Nr. 64/März 2007, S. 30-43, 37.

[470] Kreisl, Volker, „Schwächen hab` ich eigentlich keine", in: Süddeutsche Zeitung, Nr. 110, 15./16.5.1999, S. 49.

[471] Schulze, Ludger, Die Drei von der Geschäftsstelle, in: Süddeutsche Zeitung, Nr. 118, 23./24.5.2001, S. 41.

[472] Schümann, Helmut/ Weinzierl, Alfred, „Die Schönheit retten". Italiens Trainer Arrigo Sacchi über seinen Glauben an die Harmonie und den Respekt vor den Deutschen, in: Der Spiegel, Nr. 25, 17.6.96, S.204-208, 206.

[473] Hoeltzenbein, Klaus, Die Fußball-Europameisterschaften. SZ-Serie, Teil 7: Schweden 1992. Gescheitert an den Big Macs. Europa im Umbruch – Deutschland unschlagbar? Ost-Fußballer Matthias Sammer fühlt sich fremd im gespaltenen Team, das im Endspiel an Dänemark scheitert, in: Süddeutsche Zeitung, Nr. 117, 21./22.5.2008, S. 34.

[474] Sammer – er freut sich, wenn Mitspieler sauer sind, in: Sport-Bild, Nr. 17, 24.4.1996, S. 4.

[475] Tobien, Wolfgang, Mein Topspieler? Matthias Sammer – und die Mannschaft. Interview mit Bundestrainer Berti Vogts, in: Kicker, Nr. 55, 4.7.1996, S. 4f., 4.

[476] http://www.foutbol.com/soccer_players.php/34

[477] http://www.foutbol.com/soccer_players.php/34

[478] http://www.foutbol.com/soccer_players.php/34

[479] http://sports.yahoo.com/sow/news?slug=ap-obit-sanon&prov=ap&type=lgns

[480] http://sports.yahoo.com/sow/news?slug=ap-obit-sanon&prov=ap&type=lgns

[481] Promis und Promille, www.tagesspiegel.de/sport/;art272,2234068

[482] Marwedel, Jörg, Vertrauen in Thomas Schaaf, in: Süddeutsche Zeitung, Nr. 79, 4.4.2008, S. 41.

[483] Bühne Bundesliga. Jan Schlaudraff, in: Frankfurter Allgemeine Sonntagszeitung, Nr. 43, 28.10.2007, S. 17.

[484] Echte Typen, in: 11Freunde, Nr. 86/Januar 2009, S. 24-41, 41.

[485] Osang, Alexander, Fussball-WM 2002. Eine deutsche Weltmeisterschaftsbetrac htung von Alexander Osang. Der Weg ins Finale, in: Berliner Zeitung, 29.6.2002.

[486] Schulze, Ludger, Der Trickser Schnix, in: Süddeutsche Zeitung, Nr. 144, 25.6.2002, S. 35.

[487] Kommentator Reinhold Beckmann während der ARD-Übertragung des Abschiedsspiels von Mehmet Scholl am 15.8.2007.

[488] Kommentator Reinhold Beckmann während der ARD-Übertragung des Abschiedsspiels von Mehmet Scholl am 15.8.2007.

[489] Kielbassa, Moritz, FC Bayern vor dem Florenz-Spiel. Mit Toni die Tür öffnen, in: Süddeutsche Zeitung, Nr. 245, 21 10.2008, S. 31.

[490] Schäfer, Marcel, Toni Schumacher feierte seinen 50. Geburtstag, www.torwart.de/Toni-Schumacher.151.0.html, 7.3.2004.

[491] Schäfer, Marcel, Toni Schumacher feierte seinen 50. Geburtstag, www.torwart.de/Toni-Schumacher.151.0.html, 7.3.2004.

[492] Röttgen, Kurt, Die Fußball-Europameisterschaften. SZ-Serie, Teil 5: Frankreich 1984, „Franz, du musst es selber machen". Das klägliche Scheitern einer führungslosen Mannschaft beendet die Ära von Jupp Derwall, Zeitungskolumnist Beckenbauer folgt ihm als Bundestrainer, in: Süddeutsche Zeitung, Nr. 111, 14.5.2008, S. 35.

[493] Selldorf, Philipp, „So schlechter Fußball wie vor Christi Geburt", in: Süddeutsche Zeitung, Nr. 292, 17.12.1999, S. 39.

[494] Selldorf, Philipp, „Nervös wäre ich, wenn ich Skispringer sein müsste", in: Süddeutsche Zeitung, Nr. 139, 19./20.6.2004, S. 41.

[495] Ebd.

[496] Paskowsky, Matthias, Manometer im roten Bereich, in: 11Freunde, Nr. 88/ März 2009, S. 89

[497] Itzel, Ralf, Der Zappel-Felipe, in: Süddeutsche Zeitung, Nr. 143, 24.6.2004, S. 33.

[498] Reng, Ronald, Die Canarinha 2002 – zweckmäßig statt romantisch, in: Süddeutsche Zeitung, Nr. 148, 29./30.6.2002, S. 47.

[499] www.welt.de/sport/fussball/article3106975/Wie-Uwe-Seeler-vom-Vorbild-zum-Idol-aufstieg.html

[500] www.bundesliga.de/de/historie/1960/meldung.php?f=0000117989.php

[501] www.welt.de/sport/fussball/article3106975/Wie-Uwe-Seeler-vom-Vorbild-zum-Idol-aufstieg.html

[502] Zitiert nach: "Hooligan" Schröder, in: Frankfurter Allgemeine Sonntagszeitung, Nr. 25, 23.6.2002, S. 18.

[503] Der alte Zopf ist der größte Tropf, in: Bild, Nr. 143, 22.6.2002, S. 14.

[504] http://www.wldcup.com/euro/2004/historical/1996.html

[505] Gieselmann, Dirk, „Fußball ist eine Kunst", in 11 Freunde, 24. November 2007, www.11freunde.de/international/100090

[506] Gieselmann, Dirk, „Fußball ist eine Kunst", in 11 Freunde, 24. November 2007, www.11freunde.de/international/100090

[507] Gieselmann, Dirk, „Fußball ist eine Kunst", in 11 Freunde, 24. November 2007, www.11freunde.de/international/100090

[508] Gieselmann, Dirk, „Fußball ist eine Kunst", in 11 Freunde, 24. November 2007, www.11freunde.de/international/100090

[509] http://www.kicker.de/news/fussball/intligen/startseite/artikel/370621

[510] Gieselmann, Dirk, Echte Typen. Uli Stein. Tor, in: 11 Freunde, Nr. 86/Januar 2009, S. 24-41, 26.

[511] Flieger aus eigener Tasche bezahlt, in: Kicker, Nr. 48, 10.6.1996, S. 44.

[512] Leute des Mondial. Hristo Stoitschkow, in: Süddeutsche Zeitung, Nr. 145, 27./28.6.1998, S. 34.

[513] Wiskow, Heinz, Die schlimme Schmach der späten Jahre, in: Kicker, Nr. 48, 10.6.1996, S. 17.

[514] Sie wollen für Deutschland den Titel holen. Der Spätstarter. Michael Tarnat, in: Schweriner Volkszeitung, 4.6.1998, S. 29.

[515] Stiekel, Sebastian, „Das Schwierigste war, meine Frau zu überzeugen". Der älteste Feldspieler der Bundesliga: Michael Tarnat über die Sucht nach Fußball, sein lange unentdecktes Talent und alte Sammelwut, in: Süddeutsche Zeitung, Nr. 4, 27.1.2008, S. 17.

[516] Geld und Meisjes, in: Der Spiegel, Nr. 25, 17.6.96, S.208f., 209.

[517] Schulze, Ludger, Mit Diplomatie zum König oder Trottel, in: Süddeutsche Zeitung, Nr. 132, 12.6.1998, S. 33.

[518] Selldorf, Philipp, O Columnao, in: Süddeutsche Zeitung, Nr. 139, 19./20.6.2004, S. 41.

[519] Eine Art Hassliebe verbindet beide. Spiele Holland-Deutschland sind Pflicht bei großen Turnieren, in: Schweriner Volkszeitung, 18.6.1992, S. 20.

[520] Geheimwaffe, in: Bild, Nr. 141, 20.6.1998, S. 11.

[521] Kielbassa, Moritz, FC Bayern vor dem Florenz-Spiel. Mit Toni die Tür öffnen, in: Süddeutsche Zeitung, Nr. 245, 21.10.2008, S. 31.

[522] Schönau, Birgit, Der Monaco-Toni, in: Süddeutsche Zeitung, Nr. 101, 30.4./1.5.2008, S. 3.

[523] Schönau, Birgit, Der achte König von Rom, in: Süddeutsche Zeitung, Nr. 129, 7.6.2001, S. 37.

[524] Schönau, Birgit, Der achte König von Rom, in: Süddeutsche Zeitung, Nr. 129, 7.6.2001, S. 37.

[525] Schönau, Birgit, Der achte König von Rom, in: Süddeutsche Zeitung, Nr. 129, 7.6.2001, S. 37.

[526] http://wissen.spiegel.de/wissen/dokument/dokument.html?id=9447203&top=SPIEGEL

[527] www.spiegel.de/sport/fussball/0,1518,367002-2,00.html

[528] http://wissen.spiegel.de/wissen/dokument/dokument.html?id=9447203&top=SPIEGEL

[529] http://wissen.spiegel.de/wissen/dokument/dokument.html?id=9447203&top=SPIEGEL

[530] http://wissen.spiegel.de/wissen/dokument/dokument.html?id=9447203&top=SPIEGEL

[531] http://www.trezegol.com/main.html

[532] Wenn TV-Werbung ungesund wird, in: Kicker, Nr. 51, 20.6.1996, S. 18.

[533] Nachspiel, in: Süddeutsche Zeitung, Nr. 152, 6.7.1998, S. 31.

[534] Die Leiden des Kim Vilfort. 2:0-Schütze konnte sich nicht freuen, in: Hamburger Morgenpost am Sonntag. EM-Journal, 28.6.1992, S. 9.

[535] Vilforts Lebenswille wurde gewürdigt, in: Kicker, Nr. 51, 20.6.1996, S. 18.

[536] Legenden. Rudi Völler, in: ARD-Fernsehen, 24.4.2006, 21 Uhr.

[537] Legenden. Rudi Völler, in: ARD-Fernsehen, 24.4.2006, 21 Uhr.

[538] Legenden. Rudi Völler, in: ARD-Fernsehen, 24.4.2006, 21 Uhr.

[539] Becker, Richard/Zorn, Roland, „Wenn ich Detlef oder Wilhelm hieße, wär`s schwieriger gewesen". Rudi Völler im F.A.Z.-Sportgespräch: Der deutsche Fußballvolksheld zieht Bilanz vor dem letzten Spiel, in: Frankfurter Allgemeine Zeitung, Nr. 117, 21.5.1996.

[540] Hacke, Axel, Ruhe vor dem Sturm, in: Süddeutsche Zeitung, Nr. 112, 16./17.5.1998, S. 3.

[541] Willemsen, Roger, „Nee, Berti, sag´ ich, nee", in: Süddeutsche Zeitung Magazin, Nr. 23, 5.6.1998, S. 24-27, 27.

[542] Willemsen, Roger, „Nee, Berti, sag´ ich, nee", in: Süddeutsche Zeitung Magazin, Nr. 23, 5.6.1998, S. 24-27, 27.

[543] Tobien, Wolfgang, Mein Topspieler? Matthias Sammer – und die Mannschaft. Interview mit Bundestrainer Berti Vogts, in: Kicker, Nr. 55, 4.7.1996, S. 4f., 4.

[544] Sie sind Helden. Das deutsche Aufgebot, in: Süddeutsche Zeitung (Hrsg.), WM-Bibliothek. Die Fußball-Weltmeisterschaften. 1954. Schweiz, S. 22-25, 24.

[545] Hinko, Raimund, Krach für Deutschland. Die schönsten Skandale der National-Elf, in: Sport-Bild, Nr. 2, 6.1.1993, S. 16-18, 18.

[546] Heinrich, Arthur, „Gute Jungens, Volk, wie das Volk", in: Michel, Rudi (Hrsg.), Fritz Walter. Die Legende des deutschen Fußballs, 3.Aufl., Stuttgart 1995, S. 91-103, 91.

[547] www.barbarossa-online.de/die_lebensleitlinien.html

[548] /www.ciao.de/Der_groste_Fusballer_aller_Zeiten__7713741

[549] www.barbarossa-online.de/die_lebensleitlinien.html

[550] www.spox.com/de/sport/fussball/international/england/0811/Artikel/dean-windass-hulls-stuermer-exklusiv-geheimnisse-eines-problemtigers.html

[551] www.welt.de/sport/fussball/article2634326/Der-FC-Chelsea-soll-Hulls-naechstes-Opfer-werden.html

[552] www.welt.de/sport/fussball/article2634326/Der-FC-Chelsea-soll-Hulls-naechstes-Opfer-werden.html

[553] /www.spox.com/de/sport/fussball/international/england/0811/Artikel/dean-windass-hulls-stuermer-exklusiv-geheimnisse-eines-problemtigers.html

[554] www.sueddeutsche.de/sport/851/452554/bilder/?img=6.0

[555] www.spox.com/de/sport/fussball/international/england/0811/Artikel/dean-windass-hulls-stuermer-exklusiv-geheimnisse-eines-problemtigers.html

[556] www.spox.com/de/sport/fussball/international/england/0811/Artikel/dean-windass-hulls-stuermer-exklusiv-geheimnisse-eines-problemtigers.html

[557] www.spox.com/de/sport/fussball/international/england/0811/Artikel/dean-windass-hulls-stuermer-exklusiv-geheimnisse-eines-problemtigers.html

[558] Winterbottom, Mister, in: Mayr, Stefan, Dinner for One von A-Z. Das Lexikon zum Kult-Vergnügen, Frankfurt am Main 2002, S. 129f.

[559] Wiegand, Ralf, Die 23 – Rudi Völlers Auswahl für die Reise zur EM, in: Süddeutsche Zeitung, Nr. 131, 9./10.6.2004, S. 38.

[560] Burkert, Andreas/ Schulze, Ludger, „Wir haben verloren. Das bleibt." Jenö Buzansky und Gyula Grosics über die Niederlage der ungarischen Wundermannschaft im Berner WM-Finale 1954, in: Süddeutsche Zeitung, Nr. 151, 3./4.7.2004, S. 43.

[561] Haupt, Florian, Abseits, Doping, Gelbsucht. Die ZDF-Dokumentation „Das Wunder von Bern – die wahre Geschichte" entzaubert einen Mythos, in: Die Welt, 18.3.2004, S. 30.

[562] Abschlusstabelle: Die Scherzbolde der Liga, Da muss Franck Ribery lange für stricken in: 11Freunde, Nr. 71/Oktober 2007, S. 20.

[563] www.11freunde.de/forum/3/1101210152?PHPSESSID=0

[564] WM-Splitter. Falsches Programm, in: Süddeutsche Zeitung, Nr. 143, 25.6.1998, S. 35.

[565] Kröncke, Gerd, Grande Tristesse, in: Süddeutsche Zeitung, Nr. 187, 14./15.8.2004, S. 38.

[566] Kelnberger, Josef, Tapies Comeback in Talkshows, in: Süddeutsche Zeitung, Nr. 154, 8.7.1998, S. 32.

[567] Das Vermächtnis. Ein Balljunge namens Zidane, in: Süddeutsche Zeitung, Nr. 111, 14.5.2008, S. 35.

[568] Mölter, Joachim, Stachel im Fleisch, in: Süddeutsche Zeitung, Nr. 19, 23.1.2008, S. 32.

[569] Garlando, Luigi, E se Buffon fosse piú bravo di Zoff?, in: Gazzetta dello Sport, 8.9.2008.